Rosa Luxemburg
Briefe an Freunde

Die hier wieder vorliegenden, von Luise Kautsky gesammelten *Briefe an Freunde* haben ein wechselvolles Schicksal hinter sich. Als Karl und Luise Kautsky nach Hitlers Einmarsch aus Österreich flüchten mußten, konnten sie nur das Notwendigste mitnehmen. Ihrem Sohn Benedikt gelang es vor seiner Verhaftung, die Bibliothek und die gesamten wertvollen Schriftstücke zunächst nach Prag und dann nach Amsterdam zu schaffen, wo seine Mutter den ihr gehörenden Teil dem Internationalen Institut für Sozialforschung übergab – darunter auch das Päckchen mit den druckfertigen Briefen Rosa Luxemburgs. Nach dem Überfall Hitlers auf Holland fiel das Manuskript mit den Beständen des Instituts den deutschen Besatzungstruppen in die Hände. In unzähligen Kisten verpackt, wurde das ganze Material aus Amsterdam fortgeschafft und erst im Sommer 1946 zurückgebracht. Als Benedikt Kautsky die Papiere zu sichten begann, entdeckte er das Päckchen mit dem vollständigen Manuskript des von seiner Mutter geplanten Briefbandes. Nun konnte er sich an die Herausgabe machen, wobei er soweit wie möglich die von seiner Mutter gewählte Anordnung beibehielt.

Die Briefe umfassen den Zeitraum 1898 bis 1919 und sind an politische und persönliche Freunde gerichtet wie: Konrad Haenisch, Arthur Stadthagen, Emanuel und Mathilde Wurm, Camille Huysmans, Hans Diefenbach, Marta Rosenbaum, Adolf Geck, Gertrud Zlottko, Mathilde Jacob u. a.

Rosa Luxemburg
Briefe an Freunde

nach dem von Luise Kautsky
fertiggestellten Manuskript
herausgegeben von Benedikt Kautsky

Europäische Verlagsanstalt

CIP-Kurztitelaufnahme der Deutschen Bibliothek

Luxemburg, Rosa:
Briefe an Freunde / Rosa Luxemburg. Nach d. von
Luise Kautsky fertiggestellten Ms. hrsg. von
Benedikt Kautsky. – Frankfurt a.M. :
Europäische Verlagsanstalt, 1986.
    (Taschenbücher Syndikat, EVA ; Bd. 77)
    ISBN 3-434-46077-2

NE: Luxemburg, Rosa: [Sammlung]; GT

Taschenbücher
Syndikat/EVA Band 77
März 1986

© 1950 by Europäische Verlagsanstalt GmbH,
Köln, Frankfurt a. M.
Nachdruck der überarbeiteten Neuauflage 1976
Motiv: Rosa Luxemburg
Gesamtherstellung: Ebner Ulm
Printed in Germany
ISBN 3-434-46077-2

Inhalt

Vorwort des Herausgebers

Mit der Herausgabe dieses Bandes erfülle ich ein Vermächtnis meiner Mutter. Angeregt durch die günstige Aufnahme, die die von ihr herausgegebenen »Briefe Rosa Luxemburgs an Karl und Luise Kautsky« [1] fanden, und durch zahlreiche Aufforderungen, noch andere Briefe Rosa Luxemburgs zu veröffentlichen, entschloß sie sich, an die ihr bekannten Freunde Rosas mit der Bitte heranzutreten, ihr Briefe für diesen Zweck zu überlassen. Sie hatte damit überraschenden Erfolg, wie die von uns in diesem Buch neu herausgegebenen Briefe beweisen. Aber es war meiner Mutter nicht vergönnt, ihren Plan zu verwirklichen und durch die Herausgabe dieser Briefe unter Beifügung einer biographischen Skizze zum 10. Jahrestag der Ermordung Rosa Luxemburgs das beabsichtigte Denkmal zu setzen.

Meine Mutter verhandelte über den Briefband mit Rosas Bruder Josef, der die Interessen der Erben wahrnahm. Er stellte ihr für die Biographie bereitwilligst alle Angaben, die er besaß, zur Verfügung und zeigte sich auch dem Plan der Veröffentlichung der Briefe durchaus geneigt. Aber in einem späten Stadium der Verhandlungen – ein Teil der Briefe war bereits gesetzt – stellte sich plötzlich heraus, daß die Urheberrechte in den Besitz der Kommunistischen Partei Deutschlands übergegangen seien. Diese erklärte, sie könne ihre Zustimmung nur unter der Bedingung gewähren, daß ihr das Buch vor seiner Veröffentlichung vorgelegt werde. Damit war das Schicksal der Publikation entschieden, denn meine Mutter lehnte eine solche Zensur selbstverständlich ab. Sie hat die äußeren Schicksale der von ihr geplanten Ausgabe in dem »Gedenkbuch« [2] dargestellt, das sie als einen Ersatz für den Briefband herausgab und in dem sie die ursprünglich als Einleitung gedachte biographische Skizze und einige Kapitel zur Charakteristik Rosa Luxemburgs veröffentlichte. Was sie aber an dieser Stelle nicht schildern konnte, das war der tiefe Schmerz, der ihr durch die Verhinderung des Buches bereitet worden war. Sie hat Zeit ihres Lebens den Gedanken niemals aufgegeben, die von ihr

---

1 E. Laubsche Verlagsbuchhandlung, Berlin 1923.
2 »Rosa Luxemburg«. Ein Gedenkbuch. E. Laubsche Verlagsbuchhandlung, Berlin 1929.

gesammelten Briefe doch noch einmal der Öffentlichkeit zugänglich zu machen und dadurch dem Bild ihrer toten Freundin neue, bisher unbekannte Züge zu verleihen. Sie hat die Sammlung von Briefen weiter fortgesetzt und es ist ihr gelungen, Gertrud Zlottko, die aus einer Hausgehilfin zu einer Hausgenossin Rosas geworden war, dazu zu bewegen, ihr die Briefe zu übergeben, die sie von Rosa empfangen hatte.

Als meine Eltern beim Einbruch Hitlers in Österreich ihr Heim in Wien verlassen mußten, ohne mehr als das notwendigste Gepäck mitnehmen zu können, befand sich meine Mutter lange Wochen ·in banger Sorge, was aus den zurückgelassenen Manuskripten werden würde. Es gelang mir vor meiner Verhaftung, die gesamte Bibliothek und alle handschriftlichen Schätze mit Hilfe meines unvergeßlichen Freundes, des Legationsrats *Šrom* von der tschechoslowakischen Gesandtschaft – er ist nach Heydrichs Ermordung von der SS in Prag aus Rache hingerichtet worden – zunächst nach Prag schaffen zu lassen, von wo sie dann nach Amsterdam überführt wurden, dem Ort des Exils meiner Eltern. Hier wurde der handschriftliche Nachlaß meiner Eltern geteilt: die Bestände, die von meinem Vater herrührten oder ihn betrafen, gingen in den Besitz des Internationalen Instituts für Sozialgeschichte in Amsterdam über und wurden von diesem nach Ausbruch des zweiten Weltkrieges, bevor Holland noch in ihn verwickelt wurde, nach England geschafft. Der meiner Mutter gehörende, ebenfalls recht umfangreiche Teil blieb in Amsterdam – mit ihm auch das Päckchen mit den druckfertigen Briefen Rosa Luxemburgs.

Auch diese Bestände übergab meine Mutter dem Internationalen Institut für Sozialgeschichte zur Aufbewahrung und so kam es, daß nach dem Überfall Hitlers auf Holland dieses Manuskript mit den ganzen unermeßlichen literarischen Schätzen des Instituts, von denen nur ein kleiner Teil nach England geschafft worden war, in die Hände der deutschen Besatzungstruppen fiel.

Holländische Freunde haben mir nach der Befreiung erzählt, mit welcher Sorge meine Mutter durch dieses Schicksal ihres Manuskripts erfüllt war. Hatten zunächst die Kommunisten seine Herausgabe unmöglich gemacht, so schienen jetzt die Nationalsozialisten das Manuskript selbst vernichten zu wollen. Tatsächlich war Grund genug zu den ärgsten Befürchtungen vorhanden. Mehrere Tausend Kisten, in denen die Bestände des Instituts verpackt waren, wurden im Laufe des Krieges von Amsterdam fortgeschafft. Der größte Teil wurde zusammen mit anderweitiger Kriegsbeute auf zwei Lastkähne gepackt und gegen Ende des Krieges nach Hannover transportiert, von wo er erst im Sommer 1946 nach Amsterdam zurückgebracht wurde.

Der Zustand, in dem sich ein großer Teil der Bücher und Schriften befand, war unbeschreiblich. Die deutschen Begleitmannschaften, die wußten, daß auf den Schiffen Wertgegenstände, Porzellan usw. aufbewahrt wurden, hatten zahlreiche

Kisten aufgebrochen, um sich ihren Inhalt anzueignen. Dabei waren sie auch an diejenigen Kisten geraten, die den handschriftlichen Nachlaß meiner Mutter enthielten, für den sie jedoch weit weniger Interesse zeigten als für die handfesten Güter holländischer Wohlhabenheit. Immerhin hatten sie auf der Suche nach Beute den Inhalt zu einem großen Teil auf den Boden geworfen, wo er zertreten und beschmutzt herumlag. Beim Ausladen der Schiffe in Amsterdam konnten deshalb viele Briefe und Manuskripte – nicht bloß solche aus dem Nachlaß meiner Mutter – nur mit Schaufeln ausgeladen werden.

Als ich im vergangenen Oktober den Berg von Briefen und Manuskripten durchzumustern begann, der immer noch ungeordnet im Amsterdamer Institut lagerte, dachte ich zunächst gar nicht an die Möglichkeit, dieses Manuskript wiederzufinden. Man kann sich meine freudige Überraschung vorstellen, als ich zwischen alten Familienbriefen, Kinderzeichnungen und Photographien längst verschollener Verwandter plötzlich ein kleines, in braunem Papier eingeschlagenes Päckchen hervorzog, das sich als das vollständige Manuskript des von meiner Mutter geplanten Briefbandes entpuppte. Meine Mutter hatte das Interesse und den intellektuellen Eifer der deutschen Bibliothekare überschätzt, die von der Besatzungsmacht zur Sichtung der Bestände des Instituts eingesetzt worden waren: augenscheinlich hat keiner von ihnen das Konvolut auch nur aufgemacht, denn sonst hätte es ihm nicht entgehen können, von wem die Briefe stammten. In diesem Falle aber wären sie zweifellos der Vernichtung anheimgefallen.

Wir können daher nicht nur, wie Rosa Luxemburg es in einem ihrer Briefe (siehe Seite 96) in Anlehnung an Erasmus von Rotterdam tut, das Lob der Dummheit singen, sondern wir müssen auch die Faulheit loben, denn nur die Kombination dieser beiden Tugenden hat die Briefe Rosa Luxemburgs der Nachwelt erhalten.

Bei der Herausgabe der so wiedergefundenen Briefe habe ich soweit wie möglich die Anordnung beibehalten, die meine Mutter gewählt hatte. Die später hinzugekommenen Briefe an Gertrud Zlottko sowie den einen Brief an eine unbekannte Empfängerin habe ich am Schluß angefügt. Ich habe im allgemeinen die Briefe in der von den Adressaten und meiner Mutter festgelegten Reihenfolge zum Abdruck gebracht und daran selbst dort festgehalten, wo wie bei den zahlreichen aus dem April 1917 stammenden Briefen an Marta Rosenbaum eine andere Reihung angebracht erscheinen könnte. Lediglich bei den Briefen an Stadthagen habe ich einige offensichtliche Fehldatierungen korrigiert.

Einige Schriftstücke habe ich als einen besonderen Anhang beigefügt. Es handelt sich um schriftliche Äußerungen aus der Feder Rosa Luxemburgs, die nach der Veröffentlichung des ersten Briefbandes im Nachlaß meiner Eltern aufgetaucht sind, teils im Internationalen Institut für Sozialgeschichte, teils aus den Beständen, die mein Bruder Karl aufbewahrte. Es handelt sich um einen undatierten Brief an meine Mutter, um eine Nachschrift an einen Brief, den meine Mutter an ihre in Wien befindliche Schwiegermutter richtete, sowie um einen gemeinsamen Kartenbrief meiner Mutter und Rosas an mich, als Antwort auf meine erste französische Epistel, die ich ihnen in ihren Ferienaufenthalt an den Gardasee geschickt habe. In der Art, wie Rosa ihre übermütigen Zeilen zwischen die meiner Mutter schrieb, läßt sich die ausgelassene Fröhlichkeit erkennen, der sie sich in Zeiten der Entspannung nur allzu gern ergab. Man muß bedenken, daß dieser Brief am Schluß eines Jahres geschrieben wurde, dessen Anfang sie in der Zitadelle in Warschau erlebt hatte und das ihr in seinem Verlauf die revolutionäre Tätigkeit in Polen, den Aufenthalt in Finnland in der Nähe des ständig erregten Petersburg und schließlich die sich an den Mannheimer Parteitag knüpfenden Debatten über den Massenstreik gebracht hatte. Als viertes Stück habe ich einen allzu früh abgebrochenen Versuch zu einer Selbstbiographie meiner Mutter angefügt, deren Widmung die tiefe Verbundenheit mit der toten Freundin bezeugt. Ich konnte nicht feststellen, aus welcher Zeit die wenigen Seiten stammen; ich vermute, daß sie etwa um dieselbe Zeit entstanden sind wie die Biographie Rosas, also Ende der zwanziger Jahre in Wien; es wäre jedoch auch möglich, daß sie in einer späteren Zeit niedergeschrieben wurden.

Bei der Beurteilung der vorliegenden Ausgabe erscheint es mir nicht unwichtig zu erwähnen, daß mir mit Ausnahme der an Gertrud Zlottko gerichteten Briefe nur Abschriften zur Verfügung standen, da es sich, wie erwähnt, um ein druckfertiges Manuskript handelte. Ein Vergleich dieser Kopien mit den Originalen war mir jetzt nicht mehr möglich. Soweit ich mich entsinne und aus Korrekturen meiner Mutter an manchen Abschriften schließen kann, dürften ihr seinerzeit die Originale wenigstens zum größten Teil vorgelegen haben; mit Sicherheit weiß ich es von den Briefen an Hans Diefenbach. Dagegen nehme ich an, daß dies bei den Briefen an Konrad Haenisch nicht der Fall war, da dieser die Korrekturen eigenhändig durchführte. Ich habe selbstverständlich keinerlei Veränderungen an den mir vorliegenden Texten vorgenommen; soweit in den Briefen Namen nur mit den Anfangsbuchstaben gekennzeichnet werden, ist dies von den Briefempfängern selbst durchgeführt worden. Ich habe keine Veranlassung zu irgendwelchen Änderungen empfunden, ja ich bin sogar in einem Falle (Brief Nr. 4 an Mathilde Wurm) über den Wunsch der verstorbenen Empfängerin hinweggegangen, mit Rücksicht auf eine Reihe damals noch lebender Persönlichkeiten seine Veröffentlichung zu unterlassen. Ich halte aber gerade diesen Brief für so charakteristisch für seine Verfasserin, daß ich das Unterbleiben des Abdrucks als empfindliche Lücke ansehen würde.

Da mir die Brieforiginale nicht vorliegen, bin ich nicht imstande, die Zusammenhänge in dem poetischen Briefwechsel um die Kognakkirschen (S. 112) eindeutig klarzulegen. Ich glaube nach dem Brief vom 19. 1. 1917 annehmen zu dürfen, daß die »auf das untertänige Promemoria bekümmerte Antwort eines Unberufenen« von Rosa Luxemburg stammt, die von Marta Rosenbaum Kenntnis von den Sorgen Franz Mehrings und Ernst Meyers und deren Linderung erfahren haben dürfte. Jedenfalls zeugt das Dreigestirn der Gedichte von der ungebrochenen geistigen Heiterkeit der betreffenden Inhaftierten.

Schon ein flüchtiger Blick zeigt, daß durch die Veröffentlichung der neuen Briefe unsere Kenntnis von der Briefschreiberin Rosa Luxemburg wesentlich erweitert wird. Beträgt doch die Zahl der jetzt zum erstenmal in dieser Vollständigkeit publizierten Briefe fast ebensoviel wie die der an das Ehepaar Kautsky und Sonja Liebknecht gerichteten zusammen. Auch der zeitliche Bogen ist weitgespannt: der erste Brief stammt aus dem Jahre 1900, der letzte Brief vom 4. Januar 1919, ist also nur wenige Tage vor ihrer Ermordung geschrieben. Die Auswahl der Themen ist außerordentlich vielfältig. Die Politik spielt ebenso eine Rolle wie die Kunst; die geliebten Blumen und die ebenso geliebte Katze nehmen in vielen Briefen einen breiteren Raum ein als die Ereignisse des Tages, gleichgültig ob es sich um die Zeit des Friedens oder des Krieges handelt.

Haben schon die ersten beiden Briefbände Aufsehen erregt, weil sie der Öffentlichkeit, die gewöhnt war, in Rosa Luxemburg nur die radikale Politikerin und Revolutionärin zu sehen, ihre Persönlichkeit in einem ganz anderen, viel weicheren und wärmeren Lichte zeigten, so wird dieses Bild durch die neu erschlossenen Briefe noch vielfach bereichert werden. Denn zu den Zügen, die man bisher schon kannte, kommt gerade durch die große Anzahl der Adressaten ein neues Moment hinzu: wer die Briefe aufmerksam liest, wird bemerken, wie sehr Rosa Luxemburg bestrebt war, sich auf die Person des Empfängers einzustellen, und das hieß bei ihr, die eine geborene Lehrerin und Führerin war, daß sie versuchte, den Briefempfänger zu einem von ihr gewünschten Ziele hinzulenken. Sie trachtet den meisten von ihnen die von ihr selbst geliebten Bücher nahezubringen, sie treibt sie an, zu botanisieren oder zu malen, sie will sie dazu veranlassen, die Welt und die politischen Ereignisse in dem Lichte zu betrachten, in dem sie sie selbst sieht, aber sie versucht es bei jedem Briefempfänger mit anderen Wendungen und mit einer anderen Einstellung und macht es auf diese Weise verständlich, wie sie, die hier den einzelnen zu gewinnen strebte, durch ihre Artikel und mehr noch durch ihre Reden auf die Massen zu wirken verstand.

Es ist nicht der Zweck dieses Vorwortes, die historische Stellung Rosa Luxemburgs darzulegen, das geschieht in der beigefügten biographischen Skizze.

Mit Ausnahme von Camille *Huysmans* * und vielleicht auch Gertrud *Zlottko* sind alle Adressaten tot. Camille Huysmans brauche ich der lebenden Generation kaum vorzustellen, da er als führende politische Persönlichkeit seiner belgischen Heimat in weitesten Kreisen bekannt ist. Langjähriger Sekretär der Zweiten Internationale, durchlief er nach dem ersten Weltkrieg eine erfolgreiche politische Laufbahn, die ihn an die wichtigsten Positionen stellte: Bürgermeister der unter seiner Verwaltung gewaltig aufblühenden Hafenstadt Antwerpen, mehrmaliger Erziehungsminister und schließlich auch Ministerpräsident in einer der schwierigsten Situationen nach dem zweiten Weltkriege – das sind die wichtigsten Stationen eines langen, dem Dienste der Arbeiterbewegung gewidmeten Lebens.

Von Gertrud Zlottko weiß ich seit langen Jahren nichts mehr. Sie trat als Hausgehilfin in den Dienst Rosa Luxemburgs, wahrscheinlich im Jahre 1911 oder 1912, und wußte sich durch ihre allgemeine Intelligenz, besonders aber durch ihr Zeichentalent das menschliche Interesse Rosa Luxemburgs zu erwerben, die sich damals begeistert der Malerei ergeben hatte. Als Rosa sie während ihrer Gefängniszeit entlassen mußte, nahm sich auf ihre Empfehlung einer ihrer Freunde, Julius Gerson, Gertrud Zlottkos an und beschäftigte sie als Zeichnerin von Ansichtspostkarten und als Bürokraft in seiner Fabrik. Auch Hans Diefenbach sorgte für sie in seinem Testament. Sie stand noch geraume Zeit nach Rosas Tode mit meiner Mutter in Verbindung, doch hat schließlich die Naziherrschaft in Deutschland die Fäden zerrissen.

Konrad *Haenisch* zählte ursprünglich zu den großen Hoffnungen Rosa Luxemburgs, da er vor dem Weltkrieg auf dem linken Flügel der Partei stand. Der junge, 1876 geborene Journalist unterstützte während seiner Redakteurstätigkeit in Dortmund und auch später als Leiter der sozialdemokratischen Flugblattstelle die Politik Rosas, namentlich in der Debatte um den Massenstreik; 1911 wurde er in den preußischen Landtag gewählt. Der Kriegsausbruch 1914 bedeutete für ihn eine völlige Wende, da er, dem Politik immer vor allem eine Sache des Herzens und des Gefühls war, sich nun ebensoweit von Rosa entfernte, wie er ihr bisher nahegestanden hatte; denn er wurde einer der eifrigsten Verfechter der Politik der Landesverteidigung. Nach dem Abschluß des ersten Weltkrieges wurde er preußischer Kultusminister, und zwar vertrat er die Mehrheitssozialdemokratie neben dem Unabhängigen Sozialdemokraten Adolf Hoffmann. Haenisch starb jung, bereits im Jahre 1925.

Arthur *Stadthagen* gehörte einer älteren Generation an (er wurde 1857 geboren); er trat der Partei bereits unter dem Sozialistengesetz bei. Er leistete ihr als Rechtsanwalt große Dienste und blieb auch dann noch in juristischen Fragen ihr maßgebender Berater, als er 1892 wegen einer scharfen Kritik an der

---

* C. Huysmans starb am 25 2. 1968 in Antwerpen.

deutschen Rechtspflege und ihren Trägern aus dem Anwaltsstande ausgeschlossen worden war. Er vertrat lange Jahre den in der unmittelbaren Nachbarschaft Berlins gelegenen Wahlkreis Nieder-Barnim im Reichstag. Er gehörte stets dem linken Flügel der Sozialdemokratie an und trat während des Krieges der Unabhängigen Sozialdemokratie bei. Zur Enttäuschung Rosas schloß er sich freilich dem von ihr geführten Spartakusbund nicht an, sondern rechnete sich zur Gruppe Haases. Er starb im Dezember 1917. Die im März 1918 stattfindende Nachwahl brachte trotz des Burgfriedens einen erbitterten Wahlkampf zwischen dem Kandidaten der Unabhängigen, Rudolf Breitscheid, und dem der Mehrheitssozialisten, dem späteren Reichswirtschaftsminister Wissell. Zur allgemeinen Überraschung erlangte Wissell bei der Hauptwahl einen solchen Vorsprung vor Breitscheid, daß die Unabhängigen auf die Durchfechtung der Stichwahl verzichteten und das Mandat kampflos den Mehrheitlern zufiel. Über Stadthagens Tod und die Nachwahl in Nieder-Barnim äußert sich Rosa Luxemburg in ihren Briefen an Mathilde Wurm.

Emanuel *Wurm* wurde im gleichen Jahr geboren wie Stadthagen und kam ebenfalls noch zur Zeit des Sozialistengesetzes zur Sozialdemokratie. Schon der große Wahlsieg des Jahres 1890, der Bismarcks Sturz herbeiführte, brachte ihn in den Reichstag, dem er mit der einzigen Unterbrechung während der Jahre 1906–1912 bis zu seinem Tod im Jahr 1920 angehörte. Er vertrat den thüringischen Wahlkreis Reuß ältere Linie. Chemiker von Beruf, interessierte er sich in hohem Maße für Fragen der Volksernährung und Volkshygiene; während des ersten Weltkriegs war er auf dem Gebiet des Rationierungswesens tätig. Es war nur eine logische Konsequenz, daß er 1918 Staatssekretär im Reichsernährungsamt wurde. Wurm wurde schon vor 1914 einer der führenden Kommunalpolitiker der Sozialdemokratie und gehörte jahrelang der Stadtverordnetenversammlung Berlin an. Daneben war der unermüdlich fleißige Mann journalistisch tätig, er trat 1902 in die Redaktion der Neuen Zeit ein und wurde ein unentbehrlicher Mitarbeiter meines Vaters, mit dem ihn innige persönliche Freundschaft verband. Er übernahm vor allem die internen Aufgaben der Redaktion, um meinen Vater für die eigentliche redaktionelle Tätigkeit und für seine wissenschaftlichen Arbeiten zu entlasten. Wurm rechnete sich stets zum radikalen Flügel der Partei und trat während des Kriegs fast selbstverständlich der Unabhängigen Sozialdemokratie bei. Aber auch er konnte sich nicht dazu entschließen, Rosa in den Spartakusbund zu folgen, und hielt an den demokratischen Grundanschauungen des Marxismus fest.

Seine um vieles jüngere Frau Mathilde (sie wurde 1874 geboren) lernte er kennen, als sie in der Berliner sozialen Arbeit tätig war. Sie heirateten 1904. Mathilde Wurm trat bald mit der ganzen Energie und Hingabe, die sie auszeichneten, in die Politik ein. Wenn sie auch radikaleren Anschauungen als ihr Gatte huldigte, so blieb sie doch stets der Unabhängigen Sozialdemokratie treu und konnte sich trotz starker persönlicher und politischer Sympathien für Rosa nie dazu entschließen, dem Spartakusbund beizutreten. Daraus ergaben sich in ihren Beziehungen zu Rosa Spannungen, die freilich nie auf das persönliche Gebiet übergriffen. Es ist charakteristisch für die Art, wie Rosa Luxemburg Parteifragen anzusehen pflegte, daß sie in ihrem Brief vom 28. XII. 16 die Schale ihres Zorns weniger über die Führer der Mehrheit ausgießt als über die der Unabhängigen Sozialdemokratie, obwohl der Spartakusbund bis nach Kriegsende organisatorisch zu dieser Partei gehörte und sich erst in den ersten Wochen der Revolution des Jahres 1918 als Kommunistische Partei konstituierte. Mathilde Wurm übernahm nach dem Tod ihres Mannes sein Reichstagsmandat im thüringischen Wahlkreis. Sie starb durch Selbstmord zusammen mit Dora Fabian 1935 in ihrem Londoner Exil.

Adolf *Geck* (geboren 1854) trat der Sozialdemokratie, von der süddeutschen demokratischen Volkspartei kommend, bereits im Jahre 1883 bei. Er wurde eines der führenden Mitglieder im Land Baden, dessen Landtag er ebenso wie dem Reichstag lange Jahre angehörte. Im Gegensatz zu der in Baden herrschenden Richtung, wie sie namentlich Ludwig Frank vertrat, stand er immer auf dem linken Flügel und schloß sich der USP sofort bei ihrer Gründung an. Er war ein außerordentlich fruchtbarer Journalist.

Hans *Diefenbach* zählte zu den intimsten Freunden Rosa Luxemburgs. 1884 in Stuttgart geboren, kam der aus gut demokratischer Umgebung stammende Medizinstudent in München in die Umgebung von Frau Adams Hope-Lehmann, die gleich bedeutend als Sozialistin wie als Ärztin war. Männer wie August Bebel und mein Vater wußten ihren Umgang zu schätzen, und es ist kein Wunder, daß sie einen starken Einfluß auf den allem Geistigen aufgeschlossenen Jüngling ausübte. In ihrer Umgebung wurde er zum Sozialisten. Während seines Aufenthalts in Berlin kam er sowohl mit der Familie Kautsky wie mit Rosa Luxemburg in enge Fühlung; so wenig er in seiner Bescheidenheit seine Person in den Vordergrund drängte, so selbstverständlich setzte sie sich überall durch. Er besaß eine umfassende literarische und musikalische Bildung und einen erlesenen Geschmack; begabt mit einem feinen, ein wenig sarkastischen Humor, war er von einer unübertrefflichen Güte und Hilfsbereitschaft, aus der sein Bekenntnis zum Sozialismus und sein politisches Interesse entsprangen, und er kannte keine größere Freude, als daß er, der aus behaglichen materiellen Verhältnissen stammte, andern helfen konnte. Der Härte des Lebens stand er ein wenig hilflos gegenüber; der Ausbruch des Krieges im Jahre 1914 mit seinen Begleiterscheinungen, besonders mit dem überbordenden Nationalismus, traf ihn bis ins Innerste, und die einzige Möglichkeit, ihn zu ertragen, fand er in seiner ärztlichen Tätigkeit, die er im besetzten Frankreich unterschiedslos Soldaten und Zivilisten widmete; man konnte bei ihm nicht von »Freund und Feind« sprechen. In Ausübung dieses Dienstes zerriß ihn in der Nacht vom 24. auf den 25. Oktober 1917 eine Granate. Was er für Rosa Luxemburg bedeutete, was beide sich gegenseitig zu geben hatten, lassen ihre Briefe an ihn besser erkennen, als es eine Darlegung aus meiner Feder vermöchte.

Während meine Mutter über Hans Diefenbach in ihrem Gedenkbuch ausführlich berichtet hat, weiß die Öffentlichkeit über die Empfängerin der zweitstärksten Gruppe der in diesem Band veröffentlichten Briefe so gut wie nichts. Deshalb erachte ich es für eine Ehrenpflicht, an dieser Stelle Marta *Rosenbaums* ausführlicher zu gedenken. Freilich entsprach es dem bescheidenen Wesen der Frau, daß sie sich nie in den Vordergrund drängte, ja, daß es ihr fast ein Bedürfnis war, im Verborgenen zu wirken. Sie stammte aus einer sehr wohlhabenden Umgebung. Ihr feingebildeter, aber unpolitischer Mann stand ihrem Interesse für politische Fragen völlig fern; das hinderte sie nicht, ihre eigenen Wege zu gehen. Durch ihren Vetter Kurt Rosenfeld wurde sie der Sozialdemokratie nahe und mit Rosa Luxemburg persönlich in Verbindung gebracht. Wenn mich mein Gedächtnis nicht täuscht, dürfte sie einem kleinen privaten Kurs angehört haben, den Rosa Luxemburg 1913 auf Bitten Kurt Rosenfelds über nationalökonomische Fragen hielt und an dem meine Mutter und ich teilnahmen [1]. Anscheinend ist sie jedoch Rosa damals noch nicht nähergetreten. Das tat sie erst, als sie ihr gegenüber die Rolle zu spielen vermochte, die ihr Bedürfnis und Verpflichtung war: zu helfen. Marta Rosenbaum machte von den reichen Mitteln, über die sie dank der Großzügigkeit ihres Gatten verfügen konnte, in ebenso warmherziger wie kluger Weise Gebrauch. Sie stellte sich stets zur Verfügung, wenn es galt, in Not geratene Parteigenossen zu unterstützen oder für politische Zwecke Geld aufzutreiben. Die auf Seite 105 veröffentlichte Quittung deutet darauf hin, daß sie zum Kreis derer gehörte, die es Rosa Luxemburg ermöglichten, zusammen mit Franz Mehring und Klara Zetkin die Zeitschrift »Die Internationale« herauszugeben, der freilich von der Zensur kein langes Leben beschieden war. Auch der erste Brief Rosas an sie enthält eine Bitte um Geld für Parteizwecke.

Wer die Briefe Rosa Luxemburgs an sie aufmerksam liest, wird nicht verkennen können, daß sich ihr Ton im Lauf der Zeit vollständig ändert. Ursprünglich scheint sie in ihr vor allem die politisch gleichgestimmte Parteigenossin gesehen zu haben, deren Verpflichtung es war, Geld für Parteizwecke herzugeben. Aber je länger der Krieg dauert, je trüber die politischen Verhältnisse werden, je mehr sich Rosa durch sie und durch das Leben im Gefängnis bedrückt fühlt, um so mehr erschließt sich ihr das Wesen dieser warmen, gütigen Frau, und man hat manchmal das Gefühl, als ob Rosa, die sonst gewohnt war, über fremde Menschen zu herrschen und zu verfügen, ihrem Zauber erlegen sei. Ihr letzter

---

1 Rosa schreibt über diesen Kurs an meine Mutter (Brief 71) in »Briefe an Karl und Luise Kautsky«.

Brief in unserer Sammlung – vielleicht einer der letzten, die sie überhaupt in ihrem Leben schrieb – ist eine Art Rechtfertigung wegen eines Artikels, den sie in der Roten Fahne gegen die USP schrieb. Es wird nicht zahlreiche Beispiele im Leben Rosa Luxemburgs geben, in denen sie sich gedrängt fühlte, ähnlich zu handeln.

Schon dieses Beispiel zeigt aber, daß Marta Rosenbaum bei all ihrer Hingabe an Fremde niemals sich selbst verlor und stets ihr eigenes Urteil über Menschen und Dinge bewahrte. Ihre Weichheit war niemals Weichlichkeit; sie war im Gegenteil eine innerlich gefestigte, starke Persönlichkeit, die die keineswegs ungefährliche politische Betätigung für die USP furchtlos auf sich nahm. Ihr Haus war die Zuflucht mancher Verfolgter, sie war die Trägerin mancher wichtigen Botschaft und ihre Akten bei der Berliner Politischen Polizei werden zweifellos manche gewichtige Bemerkung enthalten haben. Aber selbst intime Freunde des Hauses erfuhren es kaum, daß sie einmal verhaftet wurde. Gerade diese stille, unaufdringliche Art machte sie für die konspirative Arbeit, die Zensur und Militärwillkür während des ersten Weltkriegs erzwang, besonders geeignet. Es ist ein bitteres Gefühl zu wissen, daß diese Frau, deren Leben stets nur anderen gewidmet war, im fremden Lande sterben mußte. Bald nach Hitlers Machtantritt hatte sie »aus rassischen Gründen« Deutschland zu verlassen und suchte zunächst in der Schweiz Zuflucht. Sie hatte das Bestreben, nach Wien zu übersiedeln, wo sie Verwandte hatte. Aber kaum war es ihr geglückt, in Wien ein Heim zu finden, als 1938 der Einbruch Hitlers sie zur neuerlichen Flucht nach Zürich zwang. Hier ist sie einsam im Jahre 1940 in ihrem 73. Lebensjahr gestorben.

Von den übrigen Personen, die im Briefwechsel öfters erwähnt werden, seien hier noch einige angeführt. In den Briefen an Marta Rosenbaum ist oft von Kurt – auch Kurtchen genannt – die Rede, es ist dies der Vetter Marta Rosenbaums, Kurt *Rosenfeld*. Ich glaube auch annehmen zu dürfen, daß der Spitzname »Veilchen« auf ihn gemünzt ist. Auch seine Frau Alice erscheint einige Male unter den Personen, nach denen sich Rosa erkundigt, und die sie grüßen läßt. Dasselbe gilt für Margarete *Wengels,* die Frau von Robert Wengels, der langjähriger Beisitzer im Parteivorstand war. Seine Frau war ebenso eifrig in der Partei tätig wie er, und zwar hauptsächlich in der Frauenbewegung. Beide schlossen sich der USP an. Der in einem Brief an Haenisch (Seite 22) angeführte *Gewehr* war Parteiredakteur in Elberfeld und eine der wichtigsten Persönlichkeiten der Sozialdemokratie in dem so schwer zu bearbeitenden Gebiet an Ruhr und Niederrhein. Er starb bereits vor 1914.

Mathilde *Jacob,* die von Rosa häufig erwähnt wird, stand ihr persönlich nahe und besorgte die Geschäfte einer Privatsekretärin. Durch ihre Hand sind wohl die meisten der Manuskripte gegangen, die Rosa während des Krieges und im Gefängnis verfaßte. Bei ihrer Einstellung war es selbstverständlich, daß sie zur

Kommunistischen Partei übertrat. Hugo *Eberlein,* der im ersten Brief an Marta Rosenbaum (Seite 105) erwähnt wird, ist der nachmalige kommunistische Reichstagsabgeordnete, der lange Jahre eine erhebliche Rolle im deutschen und internationalen Kommunismus spielte. Wie so viele Kommunisten der ersten Stunde scheint er aber später in Konflikte mit der Moskauer Zentrale gekommen zu sein und fand ebenso wie Willy Münzenberg ein nie völlig aufgeklärtes Ende. Er wurde eines Tages in der Nähe von Straßburg von »unbekannten« Tätern ermordet.

Zum Schluß obliegt mir die angenehme Pflicht, allen denen zu danken, die mitgeholfen haben, daß dieses Buch veröffentlicht werden konnte. Er gilt vor allem dem Internationalen Institut für Sozialgeschichte in Amsterdam, in dessen Obhut meine Mutter die hier zum erstenmal veröffentlichten Briefe gegeben hatte und ohne dessen Mitwirkung die Herausgabe dieses Bandes unmöglich gewesen wäre. Im besonderen habe ich dem Direktor des Instituts, Prof. N. W. *Posthumus,* der Bibliothekarin Frau A. *Adama van Scheltema-Kleefstra* und Herrn Werner *Blumenberg* meinen wärmsten Dank auszusprechen.

Es ist mir überdies ein Bedürfnis, bei dieser Gelegenheit allen jenen Freunden zu danken, die meiner Mutter das Exil in Holland erleichtert und verschönt haben. Unter den vielen, deren Aufzählung hier zu weit führen würde, will ich nur einen nennen, in dessen Haus mir ebenso wie meiner Mutter herzliche und großzügige Gastfreundschaft zuteil wurde, so daß es mir möglich war, meine literarischen Arbeiten in Amsterdam ungestört zu vollbringen: Notar *E. Bennink-Bolt.* Er gewährte meiner Mutter in den durchaus nicht einfachen Fragen, die der Tod meines Vaters und die Vollstreckung seines persönlichen und literarischen Testaments aufwarfen, juristischen Rat und kam ihr dabei persönlich so nahe, daß sie, die von allen ihren Söhnen getrennt war, ihn mit dem Namen »Söhnchen« auszeichnete.

Bei der Beschaffung der Daten über die in den Briefen erwähnten politischen Persönlichkeiten stand mir Wilhelm *Dittmann* mit seinem nie versagenden Gedächtnis und seinem musterhaft geordneten Archiv in freundlichster Weise zur Seite. Minna *Ledebour,* der Gattin Georg Ledebours, und Erika *Heymann-Geck* verdanke ich ebenfalls wichtige Aufschlüsse. Schließlich will ich nicht verfehlen hervorzuheben, daß E. *Laub,* in dessen Verlag die Briefe ursprünglich erscheinen sollten, in bereitwilligster Weise seine Zustimmung zu dieser Ausgabe erteilte; leider ist er vor ihrem Erscheinen gestorben.

Bei der schwierigen und verantwortungsvollen Arbeit der Herstellung eines einwandfreien Textes und der Durchführung der Korrekturen stand mir meine Frau unermüdlich zur Seite.

Amsterdam, im November 1949. Benedikt Kautsky.

An Konrad Haenisch

Dresden, den 14. Oktober 1898.

Werter Genosse!

Besten Dank für die zugesandten Nummern Ihres Blattes, ich hoffe, daß Sie mir auch die folgenden schicken werden. Ihre Besprechungen sind mir sehr interessant. Sonst wird die Parteipresse von der Lokalredaktion genommen und ich bekomme sie nicht in die Hände, außer Vorwärts und Leipziger Volkszeitung. Die Parteipresse im Allgemeinen ist ja sehr wortkarg nach dem Parteitag. Der allgemeine Beifall, dessen sich Vollmar & Co. in der ganzen bürgerlichen Presse erfreuen, dürfte ihm nicht besonders schmeicheln.
Die Adresse von Parvus ist vorläufig: Herr P. Axelrod, Kephiranstalt, Zürich, Mühlegasse 33, für Dr. A. Helphand. Ich habe von ihm bis jetzt noch keine Zeile erhalten und habe keine Ahnung, wo er steckt. Er wird wohl noch in Zürich sein. In unserer Redaktion [1] sind die Verhältnisse noch nicht recht geordnet, aber ich hoffe auf das Beste und arbeite viel.

Mit bestem Gruß und Handschlag
Ihre Rosa Luxemburg.

2.

Berlin-Friedenau, Cranachstraße 58
Undatiert, zweifellos im März 1910.

Lieber Genosse Haenisch!

Ich werde in der zweiten Aprilwoche in Essen über den Massenstreik und die politische Situation referieren. Wünschen Sie, daß ich bei dieser Gelegenheit

---

[1] Rosa war damals Redakteurin der Sächsischen Arbeiterzeitung.

auch in Dortmund eine Versammlung abhalte? Geben Sie sofort Antwort, damit ich mit den andern Orten die Tage verabreden kann. Schlagen sie evtl. zur Auswahl einige Tage vor.

Besten Gruß
Ihre Rosa Luxemburg.

3.

Friedenau, den 23. 3. 1910.

Lieber Genosse Haenisch!

Ich nehme an für 10. (Sonntag), 11. und 12., also 3 Versammlungen Ihrem Wunsche entsprechend. Thema:
»Der Wahlrechtskampf und seine Lehren.«
Schreiben Sie mir bitte, wann ich wohl eintreffen muß. Ich komme aus Bremen, wo ich voraussichtlich am 8. spreche.

Besten Gruß
Ihre Rosa Luxemburg.

4.

Berlin-Friedenau, den 24. 4. 1910.
Cranachstraße 58.

Lieber Genosse Haenisch!

Ich habe hier ganz zufällig gehört, daß der Parteivorstand plant, in unserer Anti-Centrums-Zentrale E . . . u. M . . . einzustellen. Daraufhin ging ich gleich zu Genosse Bebel, um Ihren Auftrag auszurichten. Genosse Bebel war natürlich von nichts informiert und ich habe ihm erzählt, was ich von Ihnen wußte. Er hat mir versprochen, an der Verhandlung des Vorstandes, wenn die Vertreter vom Rheinlande hierher kommen, teilzunehmen und Sie zu unterstützen. Merken Sie sich, daß Bebel vom 6. bis 10. Mai abwesend ist, richten Sie sich also ein, daß die Besprechung *nicht* in diese Tage fällt.
Noch eins! Genosse Thalheimer ist vom 15. 4. an als Volontär in der »Leipziger Volkszeitung« beschäftigt. Es ist sehr möglich, daß man ihn dort nach kurzer

Zeit fest anstellt. Mir wäre es jedoch lieber, wenn Sie ihn anstelle von B ...
von Oktober an (oder wann es ist) nach Dortmund nehmen, denn dies wird
sowohl für Genossen Thalheimer eine bessere Schule, wie für Ihr Blatt ein
sehr guter Ersatz sein. Ich werde dem Genossen Thalheimer auch schreiben, daß
er schon jetzt die »Dortmunder Arbeiterzeitung« sehr genau verfolgt und mit
Beiträgen unterstützt. Wenn Ihnen mein Vorschlag gefällt, so setzen Sie sich
gleich mit T. in Verbindung, damit er in Leipzig keine festen Verpflichtungen
übernimmt.

Herzlichen Gruß, auch Ihrer Frau,
Ihre Rosa Luxemburg.

5.

Undatiert, zweifellos Sommer 1910.

Lieber Genosse Haenisch!

Ich schicke Ihnen anbei zwei Leiter, deren Veröffentlichung mir gerade in
Ihrem Blatt sehr lieb wäre. Die Situation ist, kurz gesagt, die:
Der Vorstand und die Generalkommission [1] haben bereits die Frage des Massenstreiks erwogen und nach langen Verhandlungen ist sie an dem Widerstand
der Generalkommission gescheitert. Angesichts dessen glaubt der Parteivorstand natürlich, die Segel streichen zu müssen, und möchte am liebsten sogar
eine *Diskussion* über den Massenstreik verbieten! Deshalb halte ich es für dringend notwendig, die Diskussion in die breitesten Massen der Partei zu tragen.
Die Massen selbst sollen entscheiden. Unsere Pflicht aber ist es, ihnen das Für
und Wider, die Argumentationen zu liefern. Ich rechne also darauf, daß Sie
mir Ihre Unterstützung bieten und die Artikel *unverzüglich* bringen.
Wenn sie gedruckt sind, schicken Sie mir bitte einige Exemplare. Ich hoffe, daß
die Artikel nachgedruckt werden.

Besten Gruß
Ihre Rosa Luxemburg.

---

1 Der Gewerkschaften. B. K.

den 8. 11. 1910.

Lieber Genosse Haenisch!

Ihre beiden Briefe haben mich sehr erfreut, namentlich aber Ihre Freiligrath-schrift. Ich wollte Ihnen schon früher meine Freude darüber ausdrücken, war aber sehr beschäftigt.

Was Sie mir über die jüngsten »Ratschlüsse« mitteilen, ist ja direkt kläglich, aber das sind eben die Früchte der »Ermattungsstrategie«, hoffentlich wird die jetzige Diskussion und die Fortsetzung in Magdeburg unsere Freunde aufrütteln und ihre Wachsamkeit gegenüber den »Instanzen« aufstacheln. Ich halte es jedenfalls für meine Parteipflicht, jetzt mit rücksichtsloser Offenheit vorzugehen. Daß K. K. [1] sich soweit hineinreitet, immer tiefer in die Patsche, ist eine für den Radikalismus sehr peinliche Sache. Aber auch dabei wird vielleicht der Gewinn herausspringen, daß unsere Leute lernen werden, selbst mehr zu denken und weniger auf Autoritäten zu schwören und nachzubeten.

Mit der »Republik« ist dem K. K. ein merkwürdiger Schwupper passiert: Jener »Passus« über die Republik, den er nicht aufnehmen wollte, ist nun als selbständiger Artikel (»Zeit der Aussaat«) in der Breslauer, Dortmunder und vielleicht in einem Dutzend Blätter erschienen! Und jetzt wirft mir K. vor, ich hätte »selbst auf ihn verzichtet«!

Klara Z. [2] kommt heute her. Ihren Brief habe ich ihr zur Information geschickt. N. B. Kennen Sie meine Broschüre über den Massenstreik (1906)? Sie behandelt *genau* alle die Fragen, die K. K. jetzt aufwirft. Es stellt sich heraus, daß selbst unsere *Besten* die Lehren der russischen Revolution tatsächlich garnicht verdaut haben. Ich hielte es für sehr nützlich, daß diese Broschüre jetzt mehr verbreitet würde, jetzt ist vielleicht der Boden mehr vorbereitet zur Aufnahme. Wie wäre es, wenn Sie in Ihrer wissenschaftlichen Beilage die Broschüre, die ja kurz ist, in einigen Folgen abdruckten? Ich denke, die Hamburger könnten doch nichts dagegen haben.

Über die Gewehr-Sache wird Ihnen Klara besser Bescheid geben. Ich glaube an keine »Verständigung«. Man will den armen Gewehr bloß irgendwie stumm machen, damit in Magdeburg der Vorstand und die Z - - -tz [3] nicht blamiert wird.

Herzliche Grüße
Ihre Rosa Luxemburg.

---

1 Karl Kautsky.
2 Zetkin. B. K.
3 Wohl Luise Zietz. B. K.

7.

Südende, Lindenstraße 2, Dezember 1911.

Lieber Genosse Haenisch!

Es was selbstverständlich eine Kateridee von unserem lieben Henke [1] zu vermuten, ich würde mich durch irgend einen »Groll« davon abhalten lassen, für ihn zu agitieren. Teufel, ich agitiere in den Wahlkreisen ärgster Opportunisten, da werde ich wegen persönlicher Reibungen meine Parteifreunde im Stiche lassen! Lächerlich. Aber die Sache ist die, daß ich es einfach nicht mehr schaffen kann. Seit dem 1. 12. bis zum 12. 1. sind meine sämtlichen Abende – außer der Feiertagswoche – fest belegt seit Monaten, also nichts zu machen. Ich schreibe auch heute an Henke in diesem Sinne.

Und nun noch einige Worte zu dem »Groll«. Freilich war ich in Jena auf Sie wütend und zwar aus dem Grunde, weil Sie gerade übernommen hatten, mich zu *verteidigen,* mir aber durch Ihre total verfehlte Strategie direkt in den Rücken fielen [2]. Sie wollten meine »Moral« verteidigen und gaben dafür meine *politische* Position preis. Verkehrter konnte man nicht vorgehen. Meine »Moral« bedarf keiner Verteidigung. Sie müssen doch bemerkt haben, daß ich, seit ich in der deutschen Partei bin, seit 1898, unaufhörlich, namentlich im Süden, in gemeinster Weise *persönlich* beschimpft werde und doch *nie* eine Zeile oder ein Wort darauf geantwortet habe. Schweigende Verachtung ist alles, was ich darauf habe. Und zwar – abgesehen von persönlichem Stolz – aus der einfachen *politischen* Rücksicht, daß alle diese persönlichen Beschimpfungen lediglich Manöver sind, um von der politischen Streitsache abzulenken. Es war klar vor Jena, daß dem Vorstand, der in der Patsche saß, nichts andres übrig blieb, als auf das »moralisch«-persönliche Gebiet den Streit hinüberzuspielen. Ebenso klar war es, daß jeder, dem *die Sache* wichtig war, dieses Manöver kontravenieren, sich auf das persönliche Gebiet *nicht* verlocken lassen durfte. Das taten Sie aber gerade, indem Sie den ganzen Streit auf *meine Person* konzentrierten und sachlich meine Position preisgaben. Selbstverständlich haben Sie nicht die Pflicht, in jedem Punkt mit mir einer Meinung zu sein und es ist Ihr gutes Recht, Ihre divergierende Meinung offen zu vertreten. Aber deshalb müssen Sie's nicht in eine »Verteidigung« meiner Person kleiden, denn eine solche

---

1 Redakteur und Reichstagsabgeordneter von Bremen. B. K.
2 Haenisch veröffentlichte am 7. September 1911 in der »Bremer Bürgerzeitung« eine Ehrenrettung Rosas, gegen die vor dem Jenaer Parteitag von verschiedenen Parteiblättern der Vorwurf der Parteischädigung erhoben worden war, indem er auf die unschätzbaren Dienste hinwies, die sie der Partei als Agitatorin, als theoretische Schriftstellerin, als Lehrkraft geleistet habe. Wie wenig er sich mit diesem ritterlichen Appell an die Parteigenossen Rosas Dank verdiente, geht aus obigem Brief hervor.

»Verteidigung« schadet einem zehnmal mehr als ein offener Angriff. Sie sind sich wohl absolut nicht des Eindrucks bewußt gewesen, den Ihr Artikel machte: ein tränenreiches und edelmütiges Plädoyer auf mildernde Umstände für eine zum Tode Verurteilte – genug, um aus der Haut zu fahren, wenn man in einer so wichtigen und so günstigen politischen Kampfposition ist, wie ich in Jena. Sie müssen eben nicht jedes drohende Gemunkel von »unterrichteter Seite« ... so tragisch nehmen und vor allem nie politische Fragen in persönlich-sentimentale verwandeln. Wenn die Revisionisten dies gegen uns tun, so wissen sie wohl warum. Wenn aber *unsere* Leute ihnen auf das Glatteis folgen, so ist es zu dumm.

Soviel zur Aufklärung über die Sache. Meinen »Groll« habe ich längst vergessen und habe wahrhaftig andere Sorgen, als alten Kleinkram mit mir herumzuschleppen. Also Schluß damit.

Für Ihre Schriften besten Dank. Einige kenne ich schon aus Abdrucken aus der Presse und freue mich darüber. Die illustrierten Flugblätter habe ich mir schon in Sachsen geben lassen, halte Idee und Ausführung für sehr glücklich.

Und nun alles Gute zu den Feiertagen und besten Gruß von

Ihrer Rosa Luxemburg.

An Arthur Stadthagen

1.

Friedenau, Wielandstr. 23. [1]

Verehrtester!

Besten Dank für die Fackeln, die ich mit großem Interesse lese. Sie sind wirklich mit Talent gemacht: forsch, lebendig und inhaltreich.

Dank auch für die Erinnerung an die Staatsangehörigkeitsgeschichte. Richtig habe ich sie bis jetzt vernachlässigt.

Jene Detektiv-Affäre war harmloser als ich dachte: Der Mensch hatte meiner Wirtin nur anvertraut, daß ich in Leipzig (!) eine Redakteurstelle gehabt hatte, sie aber verlassen mußte, da ich aus Sachsen ausgewiesen worden sei (!). Fröhliche Weihnachten auch Ihnen! Ich gehe am 25. nach O/S [2] zur Agitation und bleibe bis 1. 1. Also in diesem Jahrhundert (nach Bundesräterischem Beschluß) sehen wir uns jedenfalls nicht mehr. Deshalb auch Prosit Neujahr!

Mit bestem Gruß
Ihre Rosa Luxemburg.

2.

Auf Firmenbogen »Die Neue Zeit«
Brief ohne Datum. [3]

Lieber Arthur! Sie haben wohl im heutigen Abend-»Tageblatt« gelesen, daß *Jaurès*, eingeladen von der Redaktion des Vorwärts, am 9. nach Berlin zu

---

1 Wohl Dezember 1899 geschrieben. B. K.
2 Oberschlesien. B. K.
3 Dem Inhalt nach aus dem Jahre 1905. B. K.

einer Versammlung kommen soll. Da haben also die Herren Eisner und Gradnauer wiedermal einen Coup in ihrem Geiste ausgeführt und zwar »im Namen der Berliner Sozialisten«, wie die Humanité schreibt. Das Volk in Friedenau ist zweistimmig der Ansicht, daß man diese Intrigue dadurch wettmachen muß, daß man wenigstens zu derselben Versammlung den *Guesde* und *Vaillant* einladet, die doch gerade in der auswärtigen Politik und in ihrer ganzen Auffassung den Berlinern näher stehen, als die Kannegießereien Jaurès', der übrigens auch speziell in der Marokkosache ganz den blinden Lärm der offiziösen Presse durch seine ellenlangen Leitartikel nährt.

Also, wenn Sie derselben Meinung sind, stellen Sie den Berlinern die Sache *sofort* dar und schlagen Sie vor, daß *die Berliner* die beiden einladen (man müßte ihnen *französisch* schreiben). Auch müßten die Berliner die Reiseentschädigung in Aussicht stellen, weil die beiden nicht so reich sind, wie Jaurès. Geben Sie sofort Nachricht, wenn Sie etwas ausgerichtet haben!

Besten Gruß
Ihre Rosa.

Stimme vollinhaltlich zu und halte die Sache für höchst wichtig.

Besten Gruß
Kautsky.

Vaillants Adresse: F. Vaillant, Député.
15, Villa du Bel Air. Paris
Guesde   Jules Guesde per Adr. Le Socialiste,
16, Rue de Cordérie. Paris.

3.

Karte v. 25. 7. 05. Friedenau gestempelt.

Lieber Arthur!

Ich habe soeben Ihren Artikel in der N. Z. [1] gelesen und muß Ihnen doch dafür kräftig die Hand drücken. Nicht nur bin ich mit allem völlig einverstanden, was sich ja, zu meiner Freude, zu Jahr und Tag bei uns von selbst

1 »Der Parteitag zu Jena«, Neue Zeit Nr. 43, XXIII. Jahrg., 2. Bd., S. 521.

versteht, sondern mich freute die Tatsache besonders, daß Sie den Artikel geschrieben und so forsch und munter gerade im rechten Augenblick ein kräftiges Wort gesagt haben. Auf mich hat der Artikel sehr erfrischend gewirkt, sicher auch auf Andere. Nb. der Hinweis darauf, daß das *Entgegenstellen* der Zeitfragen und der inneren Parteifragen, wie dies »Vorw.« tut, ein sehr charakteristischer gründl. Irrtum ist, hat mir besonders gefallen. Lassen Sie es sich recht gut gehen und sich auch mal sehen in den hiesigen Gefilden.

Ihre Rosa.

4.

Rohrpostkarte, gestempelt 27. 7. 05 in Berlin NW.

Lieber Arthur!

In der Ihnen bekannten Sache werden Sie gebeten, heute, Donnerstag, um 7 Uhr abends zu Emmo [1] und seiner Frau (Elßholzstr. 4) hinaufzukommen, wo wir ein wenig plaudern werden. Bitte, verspäten Sie sich nicht gar zu sehr. Auf Wiedersehen.

Mit herzlichem Gruß
Ihre Rosa Luxemburg.

Lieber Arthur! Kurt hat mir einen wichtigen Brief geschickt, den wir zusammen besprechen müssen. Ich schreibe soeben an Cunow nach dem »V« [2], er möge mit Ströbel nach Schluß der Redaktion in den Dessauer Garten kommen.

5.

Warschau, den 26. Juni 1906.

Sehr geehrter Herr!

Rosa telegraphierte gestern:
»An das Polizeipräsidium Berlin Alexanderplatz. Hier wird von den russischen Behörden meine deutsche Staatsangehörigkeit angezweifelt. Ich ersuche

---

1 Emanuel Wurm. B. K.
2 Vorwärts. B. K.

dringend auf meine Kosten auf telegraphischem Wege meine preußische Staatsangehörigkeit zu bestätigen. Adresse: Warschau, Mokotowska Straße 37, Ritt-
meister Suschkoff.

Hochachtungsvoll
Doktor Rosalie Lübeck-Luxemburg.«

Die Depesche wurde von dem Gendarmerie-Rittmeister Suschkoff befördert
und aus Versehen ist die telegraphische Antwort nicht bezahlt worden.
Ich ersuche Sie daher höflichst *sofort* nach Empfang dieses sich an das Polizeipräsidium gefl. zu begeben und die telegraphische Antwort zu bezahlen und
dafür zu sorgen, damit die Antwort *sofort* von der Polizei nach Warschau
abgeht.
Die Sache eilt sehr.
Die No. der Warschauer Depesche vom 25. ist: 1945.
Ersuche Sie ganz ergebenst, nach Erledigung der Sache, um Drahtantwort an
meine Adresse: Luxemburgeois, Warschau.

Hochachtungsvoll
Brüsseler [1]

6.

geschr. am 11. 8. 06

Liebe Genossen!

Ich bin endlich im sicheren Hafen [2], wenigstens denke ich vorläufig, daß ich
hier sicher bin. Ich warte hier bestimmte Nachrichten von Arthur u. a. ab,
ob und wann ich nach Berlin zurück kann. Einstweilen will ich für den »V«
einiges schreiben und bitte Sie, mir täglich von nun an den »V« zu schicken.
Meine Adresse (auch für Briefe) ist: Kuokkala, via Helsingfors, Finnland,
Pesotschanaja Doroga, Datscha, Tschernigo No. 4, Felicia Budilowitsch (nichts
mehr). Bitte schreibt mir auch über die Verhältnisse im »V« sowie die allgemeine Parteilage.

Mit herzlichen Grüßen Ihre R.

---

1 Deckname für Rosas Bruder.
2 In Kuokkala in Finnland.

7.

Verehrter Freund!

Meine Adresse ist: Finnland, Kuokkala, via Helsingfors, Pesotschnaja Doroga, Datscha Tschernigo N 4 für Felicia Budilowitsch. Ihren Brief nach W. habe ich erhalten, bin aber noch immer nicht klug daraus, wann ich ad penates [1] darf. Denken Sie an Mannheim [2]. Eine Vollmacht werde ich gern unterzeichnen, schicken Sie mir gefl. ein Formular. Ich bin hier in nächster Nähe von Pet. [3] und verkehre mit allen Freunden. Gäbe Gott auf baldiges Wiedersehen!

Mit herzl. Grüßen
Rosa.

Schreiben Sie, was in Deutschland vorgeht.
Kuokkala, den 13. VIII. 1906.

8.

Brief ohne Datum, dem Inhalt nach
aus Kuokkala, August 1906.

Verehrter Freund! Beide Briefe aus H. [4] erhalten. Anbei die erwünschte Vollmacht, sogar in zweierlei Format.
Ich hatte gar keine Befürchtungen, daß die *russische* Gesch. in Preußen nachwirken könnte, es handelt sich für mich ausschließlich darum, ob Weimar [5], *angesichts* der russischen »escapade«, nicht auf Fluchtverdacht verfällt und für eigenen Gebrauch schwedische Gardinen sofort verordnet. Gravierend ist hier eine Warnung, die ich sub sigillo der größten Verschwiegenheit von einem hochgestellten Herrn in War. [6] erhielt, daß man von Preußen aus auf diskretem Wege den Wunsch geäußert habe, ich solle an die pr. [7] Grenze geliefert und zwar »*vor Beginn der Reichstagssession*« hinexpediert werden. Vielleicht

---

1 Nach Hause. B. K.
2 Den kommenden Parteitag. B. K.
3 Petersburg.
4 Helgoland.
5 Das dortige Gericht, bei dem noch eine Anklage gegen Rosa lief.
6 Warschau.
7 Preußische.

ist das bloß Geschwafel. Da mich aber August[1] und Karl[2] auch dringend warnten, so möchte ich vorsichtshalber mit Ihrer liebenswürdigen Hilfe erst Sicherheit haben. In Mannheim will ich unbedingt sein, daher ist Eile geboten. Ich bin frisch und munter und arbeite, um die lange Ferienzeit nachzuholen.

Herzl. Gruß
R.

(»*Herrn*« Bud. ist überflüssig, denn diesen Namen trägt niemand anderer, als eben Ihre ergebene Freundin in eigener Person.)

9.

Brief ohne Datum.
Dem Inhalt nach aus Kuokkala
Ende August 1906.

Verehrter, lieber Freund!

Ich erhielt alle Ihre Briefe, habe aber, gemäß Ihrer eigenen Weisung, meine Antwort nebst Vollmacht an Ihre *Berliner* Adresse gerichtet. Da Sie, wie Sie schreiben, bis zum 6. IX. in Helgoland bleiben, so weiß ich jetzt nicht, ob Sie bis dahin in meiner Sache die nötigen Schritte vornehmen können oder nicht. Ich möchte so schnell wie möglich erfahren, daß ich ruhig nach Hause kommen kann! Übrigens verlasse ich mich auf Sie vollkommen.
Ich erhielt hier bereits die wichtigsten Materialien aus der jüngsten Diskussion und habe den Eindruck, daß in M.[3] eine gründliche Luftreinigung erforderlich ist. Die Hamburger sind, wie sie mir schreiben, mit der sanften Behandlung der Sache durch den »Vorw.« gar nicht zufrieden; »er gehe um die Sache, wie die Katze um den heißen Brei«, schreibt mir Stengele[4]. Das ist natürlich Augusts[5] Weisung, der stets andere zur »Mäßigung« mahnt, um selbst wie ein Orkan loszuplatzen. Freilich weiß man nie, nach welcher Seite sein Gewitter sich entladen wird ... Über die allgemeine Lage stimme ich mit Ihnen vollkommen überein: auch ich bin sicher, daß die breite Masse in ihrem Bewußtsein im letzten Jahre kolossale Fortschritte gemacht hat.
Weniger erfreulich ist, was Sie mir über Ihre eigene Person schreiben. Ich

1 August Bebel.
2 Karl Kautsky.
3 Beim Mannheimer Parteitag.
4 Redakteur des Hamburger Echo.
5 Bebel.

kann mir denken, wie der »Vorw.« Sie mitgenommen hat. Ich war bereits damals ganz kaputt und erst im frischen Strudel habe ich mich allmählich erfrischt. Jetzt bin ich zwar sehr kribblich und nervös – die ewige Unklarheit meiner Lage und Anderes tragen dazu bei – aber geistig frisch und arbeitslustig, wie nur je. Ich zähle darauf, daß wir uns beide frisch und munter in M.[1] wiedersehen, – zum Teil hängt das ja von Ihnen ab! . . . Ich warte also auf bestimmte Nachrichten von Ihnen.

Mit herzlichen Grüßen und auf Wiedersehen   Ihre R.

10.

Karte vom 11. IX. 06, gestempelt in Kuokkala.

Lieber Freund!

Vielen Dank für Brief und Depesche. Ich verreise von hier am Donnerstag direkt nach Hamburg, wo ich wahrscheinlich einige Tage bleibe, dann geht's weiter nach Berlin. Die weitere Reise machen wir dann vielleicht alle zusammen? Ich freue mich sehr auf das Wiedersehen. Gemäß Ihrer Instruktionen unternehme ich nichts und das Weitere wird sich an Ort und Stelle zeigen. Hoffentlich wird mir die Woche in M.[1] nicht versauert, darauf kommt es mit am meisten an. Also, lieber Freund, a rivederci recht bald!

Ihre Rosa.

11.

Karte vom 20. 9. 06, gestempelt in Hamburg.
mit Bild: Ein zarenfrommer Soldat (Handzeichnung).

Verehrter Freund!

Ich komme wahrscheinlich erst am Sonnabend in Berlin an. Ich muß hier auf Korrektur warten. Hoffentlich sehe ich Sie bald nach meiner Ankunft und kann Ihnen die Hand drücken.

Auf Wiedersehen! Herzl. Grüße
Rosa.

---

1 Mannheim.

12.

Werter Freund!

Auf diesem ungewöhnlichen Wege wende ich mich nun an Sie, da wir doch leider in der Schule [1] immer aneinander vorbeilaufen. Ich werde von der Redaktion der polnischen Revue gedrängt, Sie an Ihr Versprechen zu mahnen und Sie zu bitten, den kleinen Artikel über die russisch-polnischen Landarbeiter wenigstens für die Aprilnummer zu liefern. Sie müßten dann bis 21. März schreiben. Bitte dringend, schreiben Sie doch die paar Seiten (nur 4 Seiten der Neuen Zeit), denn sonst ist noch nichts darüber in der polnischen Presse erschienen und unsere Leute können darüber selbst nichts sagen! U. A. w. g.

Herzliche Grüße
Ihre
Rosa Luxemburg.

13.

Brief, undatiert.

Lieber Genosse Stadthagen!

Herzliche Grüße! Ich freue mich aufrichtig über Ihre Genesung. Es lebe die unverwüstliche Jugend!

Ihre
Rosa Luxemburg.

---

1. In der Parteischule

14.

Brief, undatiert.

Verehrter Genosse!

Am *Sonntag* kann ich *unmöglich*, da ich an diesem Tage 2 Versammlungen im Mansfeldschen abhalte. Also mag es am *Sonnabend* sein; für diesen Tag könnte ich mich einrichten. Bitte um Nachricht, ob Ihnen das paßt.

Besten Gruß
Ihre R. Luxemburg
Friedenau, Cranachstr. 58.

An Emanuel und Mathilde Wurm

1.

Lieber, verehrter Genosse!

Besten Dank für Ihre lieben Zeilen. Ihre Frage betr. meine Anklage bin ich nicht imstande zu beantworten, da ich noch bis zur Stunde keine erhalten habe! Der Staatsanwalt hat mir selbst gesagt, daß er noch selbst mit samt den Gendarmen im Unklaren ist, welche Anklage sie gegen mich erheben sollen. Ich bin gegen eine Kaution von 3000 Rubel auf freien Fuß gelassen, mit der Verpflichtung, Warschau nicht zu verlassen, sonst geht die Kaution verloren. Ihre Ratschläge in Bezug auf eine Erholungsreise stimmen genau mit dem überein, was mir meine hiesigen Freunde empfehlen, doch war ich und bin ich noch in diesem Augenblick schwankend aus Gründen, die ich teils oben erwähne, teils unerwähnt lassen muß. Immerhin werde ich in den nächsten Tagen einen endgültigen Entschluß fassen und Ihnen davon selbstverständlich Nachricht geben, sobald ich jenseits von Gut und Böse bin. Für Ihre Bemühungen um das Zeugnis des Polizeipräsidiums, sowie in der ganzen Angelegenheit, herzlichen Dank. Ich bin zwar physisch sehr matt und sehe, wie man mir sagt, sehr gelb aus, fühle mich aber so frisch und arbeitslustig, daß ich alle »Gelbheit« und Mattigkeit bald in der Arbeit zu vergessen hoffe. Die allgemeine Situation ist ausgezeichnet, die Verhältnisse verschärfen sich immer mehr und treiben gewaltig zu einer scharfen Lösung. Ich fand alles viel besser, als ich befürchtete und das macht mich frisch und froh.

Mit herzl. Gruß an Sie und Ihre liebe Frau
Ihre R.

Lieber Emmo! Meine Befreiung von hier geht im Schneckentempo vor sich. Immer noch habe ich die Erlaubnis zur Abreise nicht und immer heißt es: »morgen« bekommen Sie sie sicher. Inzwischen erhielt ich aus Deutschland einige Briefe – darunter heute einen von G. Pfannkuch mit einem einladenden: »Auf baldiges Wiedersehen!« am Schluß. Früher schrieb mir August [1] und Karl [2], daß das Klima in Deutschland in dieser Jahreszeit für mich gefährlich wäre und daß ich zur Erholung unbedingt ein milderes Klima aufsuchen soll. Ich hatte auch meine Wahl getroffen und wollte erst aus dem Auslande mich bei Arthur [3] genau erkundigen, wie meine Sache steht. Da sich aber meine Abreise einerseits so fatal verzögert hat und andererseits die letzten Briefe mich irre machen, so richte ich an Sie direkt die Anfrage: nehmen Sie, lieber Emmo, sofort Rücksprache mit Arthur oder anderen tüchtigen Ärzten und erfahren Sie, ob ich eventuell ohne Schaden für meine Gesundheit das liebe preußische Vaterland aufsuchen könnte. Mindestens möchte ich in Mannheim sein! Also bitte dringende und umgehende (eingeschriebene) Antwort per Adresse Luxemburg & Co., Varsovice, Zorawia 40. Wie mich diese Verzögerung der Arbeit und diese Lauferei nervös macht, könnt Ihr Euch leicht vorstellen!

Mit vielen herzlichen Grüßen für Sie, Mathilde und alle Freunde
Ihre R.

Lieber Emmo und liebe Tilde!

Herzlichen Dank für Euere ausführliche Nachricht! Endlich weiß ich, was in der Welt vorgeht. Die früheren Briefe von Euch wie von K's [4] sind verloren gegangen und es stellt sich heraus, daß meine eigene Adresse die beste ist.

---

1 August Bebel.
2 Karl Kautsky.
3 Arthur Stadthagen.
4 Kautskys.

Unter anderem erfuhr ich zum ersten Mal erst aus Euerem Schreiben von dem Geschick Luisen's [1] und Ihr könnt euch denken, wie ich erschrak, wenn auch post festum! Was mich anbetrifft, so bin ich auf dem Sprung, die gastlichen Gefilde zu verlassen und sobald ich au bon port [2] bin, gebe ich Euch Nachricht und Adresse. Ich brenne vor Arbeits- resp. Schreiblust und werde u. a. auch in die Debatte über den Generalstreik mit Wonne eingreifen. Nur einige Tage Geduld, bis ich ein sicheres Dach über dem Haupte und bessere Arbeitsbedingungen habe, denn hier nimmt die Lauferei zur Gendarmerie, Staatsanwaltschaft und dergl. angenehmen Institutionen gar kein Ende.

Das jüngste »Krächle« in der Partei machte mich lachen und – verzeiht – recht teuflisch lachen! O, über die welterschütternden Ereignisse zwischen Lindenstr. und Engelufer [3], die einen Sturm entfesseln! Wie nimmt sich doch dergleichen »Sturm« aus – von *hier* aus gesehen!... Hier ist die Zeit, in der wir leben, herrlich, d. h. ich nenne herrlich eine Zeit, die massenhaft Probleme und *gewaltige* Probleme aufwirft, die Gedanken anspornt, »Kritik, Ironie und tiefere Bedeutung« anregt, Leidenschaften aufpeitscht, und vor allem – eine fruchtbare, schwangere Zeit ist, die stündlich gebiert und aus jeder Geburt noch »schwangerer« hervorgeht, dabei nicht tote Mäuse gebiert oder gar krepierte Mücken, wie in Berlin, sondern lauter Riesendinge, allwie: Riesenverbrechen (vide Regierung), Riesenblamagen (vide Duma), Riesendummheiten (vide Plechanow & Co.) etc. Ich zittere vor Lust im voraus, ein hübsch gezeichnetes Bild all dieser Riesenhaftigkeiten zu entwerfen – selbstverständlich vor allem in der N. Z. [4] Reserviert mir also einen entsprechenden Riesenraum. Von Ihrem liebenswürdigen Anerbieten, mich mit Zeitungen, die N. Z. etc. zu versehen, werde ich den ausgiebigsten Gebrauch machen, doch erst, wenn ich das neue Domizil bezogen habe. Hierher etwas zu schicken ist zwecklos. Über Ihre gründliche Besserung, lieber Emmo, freue ich mich herzlich, halten Sie sich nur tapfer weiter und überarbeiten Sie sich nicht, vor allem lassen Sie sich von nichts deprimieren. Die Revolution ist großartig, alles andere ist Quark! Mit vielen herzl. Grüßen für Euch beide, auch für Arthur,

bleibe ich Eure
Rosa.

---

1 Luise Kautskys Beinbruch.
2 Im sicheren Hafen. B. K.
3 Parteivorstand und Generalkommission der Gewerkschaften. B. K.
4 Neuen Zeit.

4.

Wronke, 28. 12. 16.

Meine liebe Tilde!

Ich will Deinen Weihnachtsbrief gleich beantworten, solange ich noch in dem frischen Zorn bin, den er in mir erregt hat. Ja, Dein Brief hat mich fuchsteufelswild gemacht, weil er mir, so kurz er ist, in jeder Zeile zeigt, wie sehr Du wieder ganz im Bann Deines Milieus stehst. Dieser heulmeierische Ton, dieses Ach und Weh über die »Enttäuschungen«, die Ihr erlebt habt – angeblich an Anderen, statt nur selbst in den Spiegel zu blicken, um der Menschheit ganzen Jammer in treffendstem Konterfei zu erblicken! Und »wir« bedeutet jetzt in Deinem Munde Deine sumpfige Froschgesellschaft, während es Dir früher, wenn Du mit mir zusammenwarst, *meine* Gesellschaft bedeutete. Dann wart, ich werde Dich per »Ihr« behandeln.
Ihr seid mir »zu wenig draufgeherisch«, meinst Du melancholisch. »Zu wenig« ist gut! Ihr seid überhaupt nicht »geherisch« sondern »kriecherisch«. Es ist nicht ein Unterschied des Grades, sondern der Wesenheit. »Ihr« seid überhaupt eine andere zoologische Gattung als ich, und nie war mir Euer griesgrämiges, sauertöpfisches, feiges und halbes Wesen so fremd, so verhaßt, wie jetzt. Das »Draufgängertum« würde euch schon passen, meinst Du, bloß wird man dafür ins Loch gesteckt und »nutzt dann wenig«. Ach, Ihr elende Kleinkrämerseelen, die Ihr bereit wäret, auch ein bißchen »Heldentum« feilzubieten, aber nur »gegen bar«, und sei es um verschimmelte drei Kupferpfennige, aber man soll gleich einen »Nutzen« auf dem Ladentisch sehen. Und das einfache Wort des ehrlichen und geraden Menschen: »Hier steh ich, ich kann nicht anders, Gott helf mir«, ist für euch nicht gesprochen. Ein Glück, daß die bisherige Weltgeschichte nicht von Euersgleichen gemacht war, sonst hätten wir keine Reformation und säßen wohl noch im ancien régime. Was mich anbelangt, so bin ich in der letzten Zeit, wenn ich schon nie weich war, hart geworden wie geschliffener Stahl und werde nunmehr weder politisch noch im persönlichen Umgang auch die geringste Konzession machen. Wenn ich mich nur an die Galerie Deiner Helden erinnere, so ergreift mich der Katzenjammer: der süße Haase, der Dittmann mit dem schönen Bart und den schönen Reichstagsreden, der schwankende Hirte Kautsky, dem Dein Emmo natürlich treu durch alle Höhen und Tiefen folgt, der herrliche Arthur [1], – ah, je n'en finirai [2]! Ich schwöre Dir: lieber sitze ich jahrelang – ich sage nicht hier, wo

[1] Stadthagen. B. K.
[2] Ich finde kein Ende. B. K.

ich's nach allem wie im Himmelreich habe, sondern lieber in der Spelunke am Alexanderplatz, wo ich in der 11 cbm großen Zelle, morgens und abends ohne Licht, eingeklemmt zwischen das C (aber ohne W) und die eiserne Pritsche, meinen Mörike deklamierte, als mit Euren Helden zusammen mit Verlaub zu sagen »kämpfen«, oder überhaupt zu tun haben! Dann schon lieber Graf Westarp, – und nicht deshalb, weil er von meinen »mandelförmigen Samtaugen« im Reichstag redete, sondern weil er ein *Mann* ist. Ich sage Dir, sobald ich wieder die Nase hinausstecken kann, werde ich Eure Froschgesellschaft jagen und hetzen mit Trompetenschall, Peitschengeknall und Bluthunden, – wie Penthesilea, wollte ich sagen, aber Ihr seid bei Gott keine Achilleus. Hast Du jetzt genug zum Neujahrsgruß? Dann sieh, daß du *Mensch* bleibst. Mensch sein ist vor allem die Hauptsache. Und das heißt: fest und klar und *heiter* sein, ja heiter trotz alledem und alledem, denn das Heulen ist Geschäft der Schwäche. Mensch sein, heißt sein ganzes Leben »auf des Schicksals großer Waage« freudig hinwerfen, wenn's sein muß, sich zugleich aber an jedem hellen Tag und jeder schönen Wolke freuen, ach, ich weiß keine Rezepte zu schreiben, wie man Mensch sein soll, ich weiß nur, wie man's *ist*, und Du wußtest es auch immer, wenn wir einige Stunden zusammen im Südender Feld spazierengingen und auf dem Getreide roter Abendschein lag. Die Welt ist so schön bei allem Graus und wäre noch schöner, wenn es keine Schwächlinge und Feiglinge auf ihr gäbe. Komm, Du kriegst doch noch einen Kuß, weil Du doch ein ehrlicher kleiner Kerl bist. Prosit Neujahr!

R.

5.

Wronke i. P. Festung. 16. 2. 17.
(Sende Deine Briefe direkt hierher
verschlossen und ohne Aufschrift
»Kriegsgefangenenbrief«).

Meine liebe Tilde! Brief, Karte und Keks erhalten, – besten Dank. Sei ruhig, trotzdem Du mir so tapfer pariert hast und mir sogar Fehde ansagst, bleibe ich Dir so gut als ich war. Daß Du mich »bekämpfen« willst, habe ich lächeln müssen. Mädchen, ich sitze fest im Sattel, mich hat noch keiner in den Sand gestreckt; auf den, der's kann, bin ich neugierig. Ich mußte aber noch aus einem andern Grunde lächeln: weil Du mich gar nicht »bekämpfen« magst und an mir auch politisch viel mehr hängst, als Du's wahr haben willst. Ich werde Dir stets der Kompaß bleiben, weil Dir Deine grade Natur sagt, daß ich das unbeirrbarste Urteil habe, – fallen doch bei mir all die störenden Neben-momente weg: Ängstlichkeit, Routine, parlamentarischer Kretinismus, die das Urteil des anderen trüben. Deine ganze Argumentation gegen meine Losung: hier steh' ich – ich kann nicht anders! läuft auf das Folgende hinaus: schön und gut, aber die Menschen sind feig und schwach für solches Heldentum, ergo müsse man die Taktik ihrer Schwachheit und dem Grundsatz: chi va piano, va sano anpassen. Welche Enge des historischen Blicks, mein Lämm-chen! Es gibt nichts wandelbareres als menschliche Psychologie. Zumal die Psyche der Massen birgt stets in sich, wie die Thalatta, das ewige Meer, alle latenten Möglichkeiten: tödliche Windstille und brausenden Sturm, niedrigste Feigheit und wildesten Heroismus. Die Masse ist stets das, was sie nach Zeit-umständen sein *muß*, und sie ist stets auf dem Sprunge, etwas total anderes zu werden, als sie scheint. Ein schöner Kapitän, der seinen Kurs nur nach dem momentanen Aussehen der Wasseroberfläche steuern und nicht verstehen würde, aus Zeichen am Himmel und in der Tiefe auf kommende Stürme zu schließen! Mein kleines Mädchen, die »Enttäuschung über die Massen« ist stets das blamabelste Zeugnis für den politischen Führer. Ein Führer großen Stils richtet seine Taktik nicht nach der momentanen Stimmung der Massen, sondern nach ehernen Gesetzen der Entwicklung, hält an seiner Taktik fest trotz aller Enttäuschungen und läßt im Übrigen ruhig die Geschichte ihr Werk zur Reife bringen.

Damit wollen wir »die Debatte schließen«. Freundin bleibe ich Dir gern. Ob ich Dir auch, wie Du willst, Lehrerin bleibe, hängt von *Dir* ab.

Du erinnerst mich an einen Abend vor 6 Jahren, an dem wir zusammen am Schlachtensee auf den Kometen warteten. Merkwürdig, kann mich absolut nicht mehr entsinnen. Aber eine andere Erinnerung rufst Du mir wach. Ich saß damals an einem Oktoberabend mit Hans Kautsky (dem Maler) an der Havel, vis à vis der Pfaueninsel und wir warteten auch auf den Kometen. Es war schon tiefe Dämmerung, doch am Horizont brannte noch ein düsterer Purpurstreif, der sich in der Havel spiegelte und die Wassertafel in ein großes Rosenblatt verwandelte. Eine leichte Böe strich darüber hin und kräuselte dunkle Schuppen auf dem Wasser, das von einem Schwarm schwarzer Punkte besprenkelt war; es waren Wildenten, die auf ihrem Zug in der Havel Rast hielten und ihren gedämpften Schrei, in dem so viel Sehnsucht und Weite klingt, zu uns herübersandten. Es war eine wunderbare Stimmung und wir saßen schweigend, wie verzaubert. Ich blickte auf die Havel, Hans zufällig auf mich. Plötzlich fuhr er entsetzt auf, umfaßte mich bei der Hand: Was mit mir wäre? rief er. Hinter seinem Rücken war nämlich ein Meteor nieder-gegangen und hatte mich mit phosphorgrünem Licht übergossen, so daß ich leichenhaft erblaßte. Und da ich bei dem seltsamen Schauspiel, das ihm un-sichtbar war, heftig zusammenzuckte, so dachte Hans wohl nicht anders, als ich sei im Sterben. (Er machte von dem Abend an der Havel nachher ein schönes großes Bild.)

Daß Du für nichts Zeit und Sinn hast jetzt, als für »den einen Punkt«, nämlich die Parteimisere, ist fatal, denn solche Einseitigkeit trübt auch das politische Urteil, und vor allem muß man jederzeit als voller Mensch leben. Aber sieh, Mädchen, wenn Du schon so selten dazu kommst, ein Buch in die Hand zu nehmen, dann lies doch wenigstens nur *Gutes*, nicht solchen Kitsch, wie den »Spinoza-Roman«, den Du mir schicktest. Was willst Du mit den speziellen Judenschmerzen? Mir sind die armen Opfer der Gummiplantagen in Putumayo, die Neger in Afrika, mit deren Körper die Europäer Fangball spielen, ebenso nahe. Weißt Du noch die Worte aus dem Werke des Großen Generalstabs über den Trothaschen Feldzug in der Kalahari: »... Und das Röcheln der Sterbenden, der Wahnsinnsschrei der Verdurstenden verhallten in der erhabenen Stille der Unendlichkeit.« O diese »erhabene Stille der Unendlichkeit«, in der so viele Schreie *ungehört* verhallen, sie klingt in mir so stark, daß ich keinen Sonderwinkel im Herzen für das Ghetto habe: ich fühle mich in der ganzen Welt zu Hause, wo es Wolken und Vögel und Menschentränen gibt.

Gestern Abend gab es wunderschöne rosige Wolken über meiner Festungsmauer. Ich stand vor meinem vergitterten Fenster und rezitierte für mich mein Lieblingsgedicht * von Mörike:

> In ein freundliches Städtchen tret ich ein,
> In den Straßen liegt roter Abendschein,
> Aus einem offenen Fenster eben,
> Über den reichsten Blumenflor
> Hinweg, hört man Goldglockentöne schweben,
> Und eine Menschenstimme scheint ein Nachtigallenchor,
> Daß die Blumen beben,
> Daß die Düfte leben,
> Daß in höherem Rot die Rosen leuchten vor.
> Lang hielt ich staunend, lustbeklommen,
> Wie ich hinaus vors Thor gekommen,
> Ich weiß es selber wahrlich nicht.
> Und hier – wie liegt die Welt so licht!
> Der Himmel wogt in purpurnem Gewühle,
> Rückwärts die Stadt in goldenem Rauch.
> Wie rauscht der Erlenbach?
> Wie rauscht im Grund die Mühle?

---

* Das Gedicht wurde aus dem Gedächtnis zitiert und ist deshalb nicht ganz wortgetreu.

Ich bin wie trunken, irregeführt.
O Muse, Du hast mein Herz berührt
Mit Deinem Liebesband!...

So und nun lebwohl, mein braves, gutes Mädchen. Weiß der Himmel, wann ich wieder dazu komme, Dir einen Brief zu schreiben, ich habe jetzt keine Schreiblust. Aber diesen war ich Dir schuldig.

Kuß und kräftigen Händedruck
Deine R.

6.

Postkarte. 11. 6. 17.

Meine liebe Tilde! Vielen Dank für Deinen Brief. Es hat gar keinen Zweck, daß Du mir ein Blatt aus Eurem »Adreßbuch« schickst: es ist sehr zweifelhaft, ob Du es überhaupt und ganz unzweifelhaft, daß Du es zu spät zurück erhalten würdest. Aber ich bitte Dich, Folgendes zu tun: widme mir ein leeres Blatt und schreibe darauf in der Mitte meinen Namen und darunter: »Seit 10. Juli 1916 in Haft.« Dieser »Huldigungsersatz« wird sich auf dem »Pergament-Ersatz« ganz stilvoll machen und damit gut.
Über Klaras Vorleben und Privatschicksale kann ich Dir leider nichts mitteilen: ich weiß soviel wie Du. Aber parbleu! Du schreibst doch nicht einen Nekrolog, schreib, was sie *ist* und was sie *tut*, nicht, was sie war und tat, dann wirst Du das Richtige treffen. Ich umarme Dich in alter Freundschaft.

Deine R. L.

Ich schreibe Dir nur eine Postkarte, damit Du sicher kriegst. Klaras Geburtstag ist am 4., nicht am 5.!

Breslau, 8. 9. 17.
Kommandantur.

Meine liebe Tilde!

Dein avisiertes Paketchen habe ich noch nicht erhalten, wollte Dir aber gerade
schon schreiben, als Deine Karte kam. Vielen Dank für Deine Nachrichten
und für den »Hyperion«, der mich hier als die erste Sendung begrüßt hat.
Ich habe Dir von meinem hiesigen Aufenthalt nichts besonders Erfreuliches zu
berichten. Das Schlimmste ist, daß mit Besuchen Schwierigkeiten vorliegen.
Daß ich mich herzlich freuen würde, Dich hier zu sehen, brauche ich Dir wohl
nicht erst zu versichern. Allein, ich habe sehr wenig Hoffnung, ob das zustande
kommt, bis jetzt wenigstens habe ich noch keinen Besuch von Berlin gehabt.
Jedenfalls bedaure ich sehr, daß Du Dich erst jetzt dazu entschließen willst,
zu mir zu kommen. In Wronke, wo ohne alle Schwierigkeiten Besuche bewilligt wurden, hättest Du an dem rein ländlichen Aufenthalt, der Stille und
der schönen Luft Freude gehabt und einige Tage dort hätten Dir Erholung
gebracht; hier in der Stadt ist das natürlich anders und auch hier drin im
Gefängnis ist es anders. Immerhin machen wir nachher den Versuch; Du
wirst wohl von Mathilde Jacob erfahren, ob und wann mir endlich Besuche
bewilligt werden. Ich freute mich sehr zu hören, daß Du Dir den Mörike
angeschafft hast. Daß Du Dich in ihm vorerst nicht zurechtfinden kannst,
wundert mich gar nicht: man muß [1] in ihm wie

Hochgebirge, einen Bergführer
selbst die schönsten intimen
herausfinden. In dem ganzen
den sich nämlich unter einen
von mittelmäßigem und sogar
Gedichten etwa ein Du
die sogar über Goethe gehen
allein sind wert, immer
zu werden. Ich will sie Dir
Ein Stündlein wohl vor Tag
Fußreise, Mein Fluß, Der Gärt
Feuerreiter, Gesang Weylas, Deu
Um Mitternacht, Auf einer W

---

1 Die folgenden Zeilen wurden von der Zensur verstümmelt.

Der Genesene an die Hoffnung, Häusliche Szene, Der a
Ich habe alle diese Gedichte
durch Wolfsche Musik-
zu himmlischen Liedern kom
und verstehen gelernt. (außer der beiden letzten, die nur
Lies sie
auf einmal nur
ob mir dann
habe ich mich noch nicht hineinfinden können – mir liegt die ganze romantische Schule sehr fern – werde's mir aber nicht verdrießen lassen, weiter zu versuchen. Momentan lese ich Jean Christoph von Romain Rolland. Kennst Du ihn? Dein Artikel über Klara verriet sehr, mit welcher Liebe und Freude Du ihn geschrieben hattest, ich las ihn natürlich sofort mit Befriedigung und war Dir »im Geiste« nahe. Von Luise Z. erhielt ich gelegentlich eine schwungvolle Huldigung wegen meiner »Überzeugungstreue«. Ich mußte an jene erste Frauensitzung nach Ausbruch des Krieges denken, in der Du allein zu mir standest, weiß Du noch? ... Daß Stockholm wieder ein Humbug sein würde, erwartete ich vom ersten Moment an. Hattest Du etwas anderes erwartet? ...

8.

Postkarte.
Breslau, 11. 9. 17.

Meine liebe Tilde! Das erste Paketchen mit Chokolade etc. erhielt ich am Sonntag, das zweite heute. Vielen, vielen Dank für Deine Güte und Liebe, ich habe mich über alles sehr gefreut und weiß den Wert solcher Geschenke in diesen Zeiten zu würdigen. Die »Emballage« hoffe ich Dir nächstens durch Gelegenheit zurückschicken zu können. Ich schrieb Dir am 8., Du hast wohl den Brief inzwischen schon erhalten. Kannst Du mir vielleicht das neue Buch von Renner schicken? Ich möchte es lesen, zu kaufen lohnt sich aber wohl nicht. Adressiere künftig Briefe wie sonstige Sendungen direkt an die Kommandantur Breslau (*nicht* an das Strafgefängnis), das beschleunigt die Ablieferung um einige Tage. Nochmals Dank und herzliche Grüße von Deiner R. L.

Wie geht es der Margarete Wengels? Grüße sie von mir herzlich bei Gelegenheit.

Meine liebste Tilde! Wie gern hätte ich Dir schon viel früher geschrieben; doch ich hoffe, Du weißt, daß es nicht an mir liegt, wenn ich's nicht bis jetzt gethan: ich ließ Dir sagen, daß ich mich im Briefschreiben einschränken muß. Sonst waren und sind meine Gedanken gar oft bei Dir, und namentlich finde ich so lieb und so rührend von Dir, daß Du mich mit Deiner Hände Werken so trefflich versorgst. Ich freue mich jedesmal herzlich, wenn ein Brod von Dir eintrifft und sage mir lächelnd: Tilde ist eine aufs Reelle und Praktische gerichtete Natur, ihre Liebe und Freundschaft hat gern handgreifliche Formen. Notabene, mir war direkt zum Lachen, als ich in Deinem vorigen Brief las, E. hätte seinen 60. Geburtstag gefeiert. Ich meinte im ersten Moment, Du hättest Dich verschrieben: 50ster hätte es heißen sollen; dann besann ich mich erst, daß es doch wohl nicht stimmen könnte. Aber wie wenig paßt diese ehrwürdige Zahl zu der frischen, mobilen Vorstellung, die man von ihm hat, und gar zu Dir, mein Mädchen! Nun, ich konnte ihm und Dir nicht rechtzeitig gratulieren, nimm nachträglich meine herzlichsten Wünsche, auch zu Deinem Geburtstag, dessen Datum mir unbekannt war. Ich war sehr betrübt zu hören, daß Emmo so herunter war, nun aber schriebst Du mir ja von seiner erheblichen Besserung. Das zeigt wieder, wie kolossal elastisch der Mann ist und wie er nur der richtigen Pflege und Ausspannung bedarf, um immer auf dem Posten zu sein.

Zu Eurer »Maßregelung« [1] schrieb ich Dir nichts, weil abgesehen davon, daß ich nicht schreiben kann, wann ich will, – zu diesem Casus für mich so wenig zu sagen ist. Ich bin nicht im Stande, mich zu entrüsten über Leute und Dinge, die bereits längst jenseits von Gut und Böse sind. Ich möchte *Handeln* können, kalt und fest ohne viel Worte, aber wirksam ... Da ich's nicht kann, so schweige ich lieber. Mich so durch Entrüstungsworte im kleinen Kreise zu erleichtern, ist nicht mein Geschmack ...

Ich lebe hier in der Dir bekannten Weise: immer in Bücher vertieft, am liebsten in solche, die mich weit weg von der Gegenwart und von der Gattung homo sapiens führen, ich meine wissenschaftliche Bücher. Belletristik kann ich nur selten lesen und nur sehr gute. Verzeihe mir, Liebste, ich kann mich mit dem »Hyperion« immer noch nicht befreunden, wie mir überhaupt Hölderlin wesensfremd ist. Es kann aber sein, daß ich einmal plötzlich den Weg zu ihm finde. Solches ist mir schon mehrmals passiert. So habe ich z. B. heute den

---

1 Die Neue Zeit wurde am 31. Oktober 1917 überfallartig vom Parteivorstand der Redaktion Karl Kautskys entzogen und Heinrich Cunow übergeben, weil ihre Richtung nicht der Mehrheits-Sozialdemokratie entsprach. Mit Kautsky wurde auch Emanuel Wurm, der langjährige Mitredakteur, entfernt, weil er ebenfalls der USP angehörte. B. K.

Simplicius Simplicissimus von Grimmelshausen beendet, den ich schon – in der schönen Ausgabe bei Alb. Langen – seit Jahren besitze, ohne daß ich früher an ihm Geschmack gefunden hätte. Es ist ein starkes und großes Zeitgemälde aus dem 30-jährigen Krieg, ein Bild der damaligen gesellschaftlichen Verwilderung in Deutschland, von erschütternder Wirkung. Ich rate es Dir jedoch nicht etwa jetzt zu lesen: es würde Dich vielleicht sehr niederdrücken. Ich habe es jetzt in einem Zug ausgelesen, nur um mich zu betäuben und abzulenken, da mich ein schwerer Schlag getroffen: Hans Diefenbach ist gefallen. Ich weiß, daß das Leben weiter geht, daß man weiter fest und mutig und sogar heiter bleiben muß, ich weiß alles – – ich werde schon allein mit allem fertig werden, nur reden mag ich nicht darüber.

Sag mal, hast Du den »Narr in Christo« von Gerhart Hauptmann gelesen, um den ich Dich schon einmal interpelliert habe? Antworte darauf unbedingt; wenn Du ihn noch nicht kennst, so schicke ich ihn Dir sofort. Das *mußt* Du lesen, denn dieses Buch wird Dich geistig erfrischen wie eine Hochgebirgstour.

Von der Margarete Wengels erhielt ich vor längerer Zeit einen herzlichen Brief, der mich sehr erfreut hatte. Ich hätte ihr so gerne wiedergeschrieben, wenn ich's nur könnte. Ich tue es bei der nächsten Möglichkeit. Grüße sie inzwischen von mir vielmals.

Um die Russen bangt mein Herz sehr, ich erhoffe leider keinen Sieg der Leninisten, aber immerhin – ein solcher Untergang ist mir doch lieber als »Lebenbleiben für das Vaterland« . . .

Leb nun wohl, mein liebes Mädchen, hoffentlich sehe ich Dich nächstens hier. Bleib munter und tapfer. Es wird schon alles anders und besser, wenn die Zeit dafür kommt. In Conrad Ferdinand Meyers »Hutten« heißt es an einer Stelle: »Das größte thut nur, wer nicht anders kann« . . . Also warten wir ab.

Kuß und Händedruck!   Deine Rosa.

Wenn Du mir wieder was schickst, dann nur als Wertpaket oder per Nachnahme. Es gehen auch zu viel Pakete verloren. Neulich wieder Eins von Klara. Für Mörikes Briefe vielen Dank, ich lese sie mit Vergnügen.

10.

Postkarte.
Poststempel Breslau 2. 12. 17.
Kommandantur, Abt. II d, Karlsstr.

Mein liebes Tildchen, vielen herzlichen Dank für Brod und Brief! Beide haben mich mannigfach erfreut und erquickt. Nun hoffe ich aber, Dich bald endlich zu sehen und mit Dir plaudern zu können. Um Weihnachten besucht mich alljährlich in allen Gefängnissen Mat. Jacob, das gehört schon so zur Tradition. Könntest Du nicht etwas früher hier sein – etwa am 14., 15.? Das wäre sehr lieb, denn auch für mich ist natürlich am schönsten, wenn sich meine lieben Besuche ein wenig vertheilen. So hätte ich Dich hier etwa schon in 2 Wochen und dann zu Feiertagen Deine Namensschwester, die andere Mathilde. Schreibe mir *gleich*, ob das geht und wann ich Dich erwarten darf, Du mußt auch die Kommandantur rechtzeitig benachrichtigen, wann Du hier zu kommen gedenkst. Antworte rasch!

Herzl. Gruß Dir und E.!   Deine R.

Erweise mir einen Gefallen: erfahre wieviel kostet die Ausgabe von Jon. Swift bei Erich Reiß, Berlin und ob sie eine biographische Einleitung hat.

11.

Postkarte. Poststempel Breslau, 17. 12. 17.

Meine liebe Tilde! Deine Karte mit der traurigen Nachricht habe ich erhalten. Ich warte nun geduldig, bis Du in der Lage bist, von der Erlaubnis Gebrauch zu machen. Daß Dein Mann so deprimiert ist, tut mir sehr leid. Arthurs [1] Tod hat mich auch tief erschüttert. Immerhin ist der allgemeine Pessimismus ganz falsch. Laß Dich davon nicht unterkriegen und behalte den Kopf oben. Durch eine schwarze Brille sieht man die Dinge und das Leben nie richtig. Also sei guter Stimmung und blicke mutig in die Zukunft. Vorläufig viele herzliche Grüße.

Deine R. L.

---

1 Stadthagen. B. K.

12.

Tildchen! Ich wollte Dir nur noch Genaueres über Proudhon sagen, weil gestern leider so ungemütlich war, daß mir das Wort im Mund erstarrte, außerdem kann ich ohnehin nicht gut ganze Vorträge halten, die einem Unbewanderten verdächtig erscheinen könnten.

Also Daten über Leben und Werke Proudhons findest Du bei Mühlberger. Eventuell kannst Du noch den *Diehl* nachschlagen (ein dreibändiges Werk über P. wird in der Reichstags- oder in der Königl. Bibliothek sicher zu haben sein). Von Gesichtspunkten kommen für den Vortrag drei in Betracht. 1. Seine Theorie des unmittelbaren »Austausches«, Zentralpunkt seines theoretischen und praktischen Systems; einfacher ausgedrückt: die Abschaffung des Geldes unter Beibehaltung der Waren-Produktion! P. glaubte nämlich, der Gebrauch des Geldes sei es, der die »Ungerechtigkeit« des Austausches zwischen dem Arbeiter und dem Kapitalisten (Arbeitskraft gegen Lohn) vertusche; man brauche nur einzuführen, daß Waren direkt (nach der in ihnen enthaltenen Arbeitszeit) ausgetauscht werden, damit die Ausbeutung unmöglich wird. Natürlich eine völlig utopische Idee.

Nach P.'s Auffassung beruht die Ausbeutung des Proletariats nicht auf dem kapitalistischen Privateigentum an Produktionsmitteln, sondern auf einer *Prellerei* beim Auszahlen des Lohns. Einer Prellerei, die durch den Gebrauch des Geldes ermöglicht wird. Daher notwendige Einführung von einfachen Zetteln mit Bescheinigung über die Angabe der Arbeitsstunden, die in jeder Ware stecken, und dann muß ein gerechter Austausch allgemeine ökonomische Gleichheit herbeiführen.

Er vergaß gänzlich, daß der Proletarier dem Kp. nicht Waren verkauft, sondern seine einzige Ware – Arbeitskraft und daß die Ausbeutung auch dann, und erst recht dann vonstatten geht, wenn die Arbeitskraft nach ihrem Wert und nach ihren Unterhaltskosten bezahlt wird. – Das Verhängnisvolle und Reaktionäre dieser Utopie, die den Arbeiter auf ökonomische Kurpfuscherei

---

1 Mathilde Wurm war zu einem Besuch im Breslauer Gefängnis zugelassen (siehe Anlage), der sich über drei Tage erstrecken durfte, d. h. an jedem Tag war ein halbstündiger Besuchsempfang gestattet. Bei dem zweiten dieser Besuche war eine sehr unfreundliche männliche Aufsicht anwesend, die jedes vertrauliche Gespräch unmöglich machte. (Im allgemeinen war die vom Militär ausgeübte Aufsicht in Breslau eine ziemlich nachsichtige.) Die Aussprache über Proudhon, über den Frau Wurm sich bei Rosa näher informieren wollte, litt daher sehr unter der bedrückenden Gegenwart des scharf aufpassenden Überwachungsbeamten. Am nächsten Tag jedoch fand Rosa, sogar von Frau Wurm selbst unbemerkt, die Gelegenheit, den hier abgedruckten Brief in deren Muff zu praktizieren, wo ihn Frau Wurm erst entdeckte, als sie schon von Rosa Abschied genommen hatte.

hinlenkt, und vom politischen Kampf, vom Kampf um die Eroberung der Macht im Staate ablenkt. –

Zu verstehen als eine der vielen Reaktionen auf die Enttäuschung mit dem rein politischen Kampf um die Macht in der großen Revolution.

Übrigens nicht zu vergessen, daß die Idee nicht P.s Erfindung. More [1], in den 20er und 30er Jahren in England (s. Engels Vorwort zur Misère de la Phil.). Bei P. nur am glanzvollsten ausgearbeitet.

2. Praktische Rolle dieser Ideen in der Februarrevolution. Das Experiment mit der »Bank des unmittelbaren Austausches« und deren rascher Bankerott natürlich. P.'s Ideen bilden zusammen mit der Louis Blanc's: »Organisation der Arbeit« die vorherrschende Strömungen in der Rev. 1848. Gegen beide utopischen ökonomischen Experimentiererreien kämpfte in der Februarrevolution als einzige wirkliche revolutionäre proletarische Richtung die Blanqui-Gruppe, die direkt auf die Eroberung der politischen Macht und soziale Revolution hinarbeitete. Übrigens auch das Experiment mit der »Bank für gerechten Austausch« war schon in England gemacht, ich glaube etwa 1836 in Manchester, natürlich verkrachte auch in wenigen Monaten.

3. Trotz völliger Unhaltbarkeit der Ideen und des Bankerotts im Jahre 1848 der große und nachhaltige Einfluß P.'s auf die französische, auf die ganze romanische Arbeiterbewegung bis in die 60er und 70er Jahre! In der ersten Internationale hatte Marx hauptsächlich gegen den Proudhonismus zu kämpfen, dessen Hauptvertreter Tolain (der spätere Abtrünnige und Senator) war. Darüber mußt Du wohl bei Jaeckh (Geschichte der Int.) nachsehen. Der Einfluß des Proudhonismus ist natürlich wichtiger als die Person P.'s.

Erst die neue Basis der Arbeiterbewegung in Frankreich nach dem Krach der Commune, der Einzug des Marxismus in den 80er Jahren, hat die proudhonistischen Ideen in Fr. in den Hintergrund gedrängt.

Vergiß bei alledem nicht, daß die Hauptwirkung und das Hauptsächlichste P.'s nicht in den Spitzfindigkeiten seiner falschen Theorie über Warenaustausch und Geld liegt, sondern in dem Hinlenken der Arbeiterbewegung auf rein ökonomische Abhilfemittel, statt auf politischen Kampf um die Eroberung der Staatsgewalt. Und vergiß – nochmals! – bei alledem nicht die historische Perspektive, die den Proudhon wie den Louis Blanc, wie alle die ökonomischen Richtungen als begreifliche Reaktion nach der Enttäuschung mit der großen Fr. Rev. und der Jacobinerherrschaft erscheinen läßt. Erst der Marxismus hat das richtige Verhältnis zwischen Ökonomie und Politik hergestellt – (mit dem glänzenden Resultat, das wir heute erleben . . .).

---

1 Die Bedeutung dieses Wortes ist unklar; vielleicht ein Schreib- oder Kopierfehler für Owen. B. K.

Anlage zum Brief vom Januar 1918.
Kommandantur Breslau
Abt. II d Nr. 27206.

Breslau, 17. November 17.

An Frau Mathilde Wurm
Berlin W 35, Steglitzerstraße 45.

Der von Ihnen für Dezember erbetene Besuch der in militärischer Sicherheits-
haft befindlichen Frau Dr. Rosa Luxemburg wird Ihnen diesseits in der Weise
bewilligt, daß Sie dieselbe an drei verschiedenen Tagen des Monats Dezember
bis zur Dauer von 30 Minuten unter Aufsicht sprechen dürfen.
Hierbei wird aber bemerkt, daß z. Z. bis einschließlich 12. 12. 17 gegen Frau
Dr. Luxemburg eine gegen sie erkannte rechtskräftige Gefängnisstrafe voll-
streckt wird. Ob Sie hierauf zum Besuch nach den Bestimmungen der Gefäng-
nisordnung vorgelassen werden können, darüber wollen Sie sich Auskunft von
Herrn Direktor des Kgl. Polizei- und Strafgefängnisses in Breslau, Kletsch-
kaustr., erbitten.

i. V.
Unleserlich. Generalleutnant.

Berlin, den 13. Januar 1918.

An die Kommandantur Breslau, Karlstraße.

Am 17. November wurde mir von der Kommandantur die Erlaubnis erteilt,
Frau Dr. Luxemburg an 3 verschiedenen Tagen des Monats Dezember sprechen
zu dürfen. Von dieser Erlaubnis konnte ich leider keinen Gebrauch machen
und erbitte nun die Genehmigung, Frau Dr. Luxemburg am 19., 20. und 21.
ds. Mts. besuchen zu dürfen oder wenn das nicht mehr möglich sein sollte, in-
folge Verkehrsstörungen am 26., 27. und 28. ds. Mts.

Mathilde Wurm.

Kommandantur Breslau. Breslau, den 15. Januar 1918.

An Frau
Mathilde Wurm.

Der von Ihnen erbetene Besuch der in militärischer Sicherheit befindlichen Frau Dr. Luxemburg wird Ihnen diesseits in der Weise bewilligt, daß Sie dieselbe an 3 verschiedenen Tagen des Monats Januar bis zur Dauer von je 30 Minuten unter Aufsicht sprechen dürfen.

i. V.
Unleserlich, Generalleutnant.

13.

Postkarte, 21. 2. 1918.

Mein liebes Tildchen! Hab vielen Dank für die fürstlichen Gaben! Ich traute wirklich meinen Augen nicht als ich veritable Kaffeebohnen sah. Das ist ja unerhört und erinnert einen direkt an Frieden ... Die übrige Welt sieht in diesem Augenblick weniger anziehend und herzerquickend aus. Kannst Du mir einige Nr. der »Umschau« schicken?
Der »Kosmos« erscheint nicht seit dem Kriege; ich habe mir die »Naturwissenschaften« abonniert, sie sind aber mehr auf die mathematisch-physikalischen Disziplinen geeicht als auf die organischen. Schreib mal wieder eine Zeile, wie es Dir geht und was Du treibst. Wie wurde es mit Deinem Proudhon?

Herzlich Deine R.
Breslau Kommandantur.

14.

Postkarte. 19. 3. 18.

Meine liebe Tilde! Hab vielen Dank für Dein Brieflein zu meinem Geburtstag. Ich war sehr betrübt zu lesen, daß Du leidend bist, hoffentlich ist das schon überwunden und vergessen; für so aktive Naturen wie Du, sind Krankheiten eine wahre Qual. Ich war inzwischen auch parterre und bin immer noch nicht ganz auf dem Damm, aber in meiner Lebensweise ist dadurch kein großer

Unterschied entstanden und ich nehme alles mit ruhiger Geduld hin. Auch über Nieder-Barnim muß man kaltes Blut bewahren: es ist nur ein winziger Posten in der ganzen großen Rechnung, die der Zukunft vorbehalten bleibt. Deine »Umschau« habe ich erhalten, sie ist nicht das, was ich brauche, auch die »Naturwissenschaften«, die ich abonniert hatte, sind zu einseitig auf mathematisch-physikalisches festgelegt, während mich mehr organische Disziplinen interessieren. Bitte richte von mir an Margarete Wengels die herzlichsten Grüße und vielen Dank für Ihren letzten Brief aus. Ich würde ihr gern schreiben, wenn ich nur könnte. – Bleib frisch und munter, ich umarme Dich kräftig.

Deine R.

15.

22. 4. 18.

Meine liebe Tilde! Gerade als ich Dir schreiben wollte, kam Dein Körbchen. Hab vielen Dank für Deine letzte Sendung und Brief. Das Brot war famos und die Bücher auch. Du weißt gar nicht, welches Juwel Du mir geschickt hast: »Wilhelm Meisters theatralische Sendung« ist ja die Urfassung der »Lehrjahre«, die unter den Goethe-Philologen lange gesucht und dann für verloren gehalten wurde, bis sie ganz zufällig vor 7 Jahren in Zürich aufgefunden wurde, in handschriftlicher Abschrift einer alten Freundin Goethes aus dem Lavaterschen Kreise, Barbara Schultheß. Der Fund hat seinerzeit das größte Aufsehen gemacht; es ist ja das Werk Goethes vor der italienischen Reise, während die »Lehrjahre« bereits nach derselben, u. z. nach 20jähriger Umarbeitung zu Stande gekommen sind. Du kannst Dir also denken, daß mich die Sache interessierte. – Was Du aus dem Umstand schließen sollst, daß man den »Wilhelm Meister« gar nicht zu kaufen kriegt? Sehr einfach: er wird vom Publikum eben gar nicht gelesen und deshalb nicht mehr separat verlegt; nur Bibliophilen und Goethespezialisten können ihn noch verkraften. Mir geht das breit-geheimrätliche auch ziemlich auf die Nerven. Das botanische Büchlein Deines Mannes hat mich sehr erfreut. Es ist ja eine populäre Arbeit, in der mir natürlich sehr wenig neu war. Aber die Darlegung und die allgemeine Richtung sind so vortrefflich, daß ich es mit großem Genuß gelesen habe und gerne mehr von der Sorte sehen würde. Meine Influenza ist noch immer nicht völlig überwunden, aber ich ignoriere sie nach Kräften. Umso mehr freut es mich, daß Du schon wieder in voller Tätigkeit bist.

Zwar, wenn ich mir vorstelle, ich müßte jetzt an dieser Organisations-Tretmühle mittraben, – mir graut und ich glaube ich brächte es nicht über mich . . .

Ich habe allen Respekt vor Ameisen und passe hier bei meinem »Spaziergang« in dem wüsten Hof unten sorgsam auf, daß ich keine zertrete oder in ihrer emsigen Bautätigkeit störe, aber – – in Zeiten wie die jetzigen habe ich nur noch Sinn für Grundgewalten, die »mit Pelion und mit Ossa als mit Bällen schlagen« und ich hoffe: sie werden's tun!

Es ist jetzt wieder so schön draußen. Ich höre, daß auch der Flieder schon blüht. Hoffentlich genießt Du den Frühling so weit wie möglich. Ich umarme Dich kräftig

Deine Rosa.

16.

Postkarte. 21. 5. 18.

Meine liebe Tilde! Vielen Dank für Deine Grußkarte aus Frankenthal. Es freut mich, daß Du frischen Mutes bist. Ich höre, Du hast Klara gesehen und warte auf Deinen Bericht. Meinen Brief vom 23. 4. hast Du wohl erhalten. Wenn Frl. Jacob Dir »Die Lebensgeheimnisse der Pflanzen« gibt, so schicke sie mir *nicht*, sondern behalte sie mit meinem Dank für Deinen Gatten: ich habe sie eben bestellt, um ihm zu retournieren, ich behalte dann sein Exemplar. Könntest Du nicht irgendwo aus der Bibliothek für mich Anton Kerners von Marilaun »Leben der Pflanzen« ausborgen? (Das Buch ist zu teuer zu kaufen.) Oder Pfeffers »Pflanzenphysiologie«?

Ich grüße Dich herzlich und umarme Dich   Deine R.

Schreibe auf der Adresse nicht »Oberkommando«, sondern nur Kommandantur! Dank für – »Mitteilungen«, ich abonniere sie hier.

17.

Postkarte. 3. 6. 18.

Meine liebe Tilde! Hab vielen Dank für Deine fürstlichen Gaben und den Brief. Alles kam sehr rasch und wohlbehalten an und war vorzüglich. Aber – jetzt kommt ein großes aber – ich bitte Dich nun, mir nichts derartiges mehr zu schicken! Ich bin hier mit allem versorgt und brauche wirklich nichts. In Deiner Nähe gibt es hingegen jetzt genug »Patienten« ... Also nichts mehr, ja?

– Ich freue mich sehr, daß die Reise nach dem Süden Dich so erfrischt hat. Auch Klara schrieb hoch befriedigt über Deinen Besuch. Apropos, wem mußtest Du versichern, daß ich »nie eine andere« werden würde? Wer brauchte diese Versicherung? Die Sache hat mich amüsiert. Für das botanische Büchlein herzl. Dank an Deinen Gatten. Ich nehme die Gabe gerne an, obwohl ich im Prinzip Privatbibliotheken nicht gerne plündere. Solche Lücken pflegt man nie wieder auszufüllen. Die Idee, mich an eine hiesige Bibliothek zu wenden, ist sehr gut. Ich tue es nächstens. Für die »Auslandspol.« werde ich Dir sehr dankbar sein, hingegen das »Mitteilungbl.« bekomme ich hier. – Sei munter und guter Dinge!

Ich umarme Dich   R.

18.

Breslau, 7. 7. 18.

Meine liebe Tilde!

In der Annahme, daß Du wieder zu Hause und etwas schon zur Ruhe gekommen bist, will ich Dir herzlich danken für alles: die Bücher, die Karten und Grüße. Das »Fossil« Pfeiffer hat mich sogar sehr gefreut. Ich lese sehr gern alte, wertvolle Bücher, so z. B. auch immer wieder Humboldts Kosmos, obwohl er in allen Stücken völlig überholt ist, was bei der alten Auflage Pfeiffer bei weitem nicht der Fall. Ich möchte mich auch für die beiden Goethe-Bände bei den unbekannten Spendern sehr bedanken. Den Rat Deines Gatten habe ich befolgt und mir bereits aus der Stadtbibliothek mehrere Bücher bestellt: es wird sich zeigen, wie reichhaltig sie ist. Das wird mir jedenfalls eine sehr erwünschte Hilfsquelle sein.

Ich spüre aus Deinen Briefen von der Reise, daß Dich die Tour wieder sehr erfrischt hat, was mich herzlich freut. Einen kleinen Schimmer von Deinem Vortrag habe ich aus einem Bericht im »Stuttgarter Sozialdemokrat« bekommen; schade, daß man über dergleichen nicht schreiben und reden kann ... Aber freilich die Zeit der Auseinandersetzungen auch über die Vergangenheit kommt erst, man muß dazu allseitige völlige Bewegungsfreiheit haben und diese fehlt ja nicht bloß mir ...

Ein Kommentar dazu war jüngst die Rede Haases im Reichstag über die L. V. ... Man glaubt kaum, daß so etwas möglich ist! –

Aber schließlich – warum nicht? Man darf sich eigentlich über nichts derartiges wundern.

Machst Du keine Ferien diesen Sommer? Laß bald wieder von Dir hören. Ich grüße Dich herzlich Deine   R.

An Camille Huysmans

Cher ami! Je suis heureuse de l'occasion qui me permet de vous envoyer quelques mots. Je me félicite de la solution que vous avez trouvée pour le Comité Ex. Je vous prie de vous y maintenir et de persister sur votre poste malgré tous les essays qui pourraient être pris pour vous arracher votre mandat ou pour vous persuader d'y renoncer. Ci-inclus la lettre que je viens d'adresser à Het Volk, à Stockh. et à Berne. Notre situation ici est fort difficile. Je suis persuadée que les masses ouvrières seront de notre côté, quand il y aura possibilité de leur présenter la question. Mais, en attendant, les arrivistes profitent de l'état de siège pour chercher à nous terroriser et à démoraliser les masses. Pourtant l'état des esprits change de plus en plus . . . .

La banqueroute de l'Internationale est aussi complète que terrible! Opposons nous du moins aux efforts d'y substituer une farce et un leurre. La reconstitution ne saura, à mon avis, être entreprise qu'après une critique sévère et franche des trahisons commises, c'est à dire, après la guerre. Puisse-je me réjouir du moins de la liberté au moment où la guerre sera finie! Je n'en sais rien vu que la prison peut m'engloutir chaque moment où cela plaira . . . . aux dieux.

Claire a été en Suisse, a assisté au congrès, elle a aussi parlé les Italiens. Elle a fait bonne besogne et appris quantité de jolis trucs de nos «patres conscripti» à l'étranger.

Je vous serre bien cordialement la main, mon cher ami, et je vous salue ainsi que votre famille. Ecrivez-moi, si vous avez occasion de faire passer la frontière, à l'adresse: Herrn Hugo Eberlein. Berlin-Mariendorf, Ringstraße 82 (plus rien). Le petit volume que j'avais expédié le 2 août m'a été retourné par la poste.

R. L.

Übersetzung.

Lieber Freund! Ich bin glücklich, Gelegenheit zu haben, Ihnen einige Worte zukommen lassen zu können. Die Lösung, die Sie für das Executiv-Komitee gefunden haben, erscheint mir äußerst glücklich. Ich bitte Sie, darauf zu bestehen und auf Ihrem Posten auszuharren, trotz aller Versuche, die man machen könnte, Ihnen Ihr Mandat zu entreißen oder Sie zu veranlassen, darauf zu verzichten. Anbei den Brief, den ich an Het Volk, nach Stockholm und nach Bern geschickt habe. Ich bin überzeugt, daß die Arbeitermassen sich uns anschließen werden, sobald nur die Möglichkeit gegeben ist, ihnen die Frage darzulegen. Aber in der Zwischenzeit machen sich die Streber die Gelegenheit des Belagerungszustandes zunutze, um die Massen zu terrorisieren und zu demoralisieren. Doch immerhin ändert sich die Geistesverfassung mehr und mehr . . .

Der Bankerott der Internationale ist ebenso vollständig wie er entsetzlich ist! Widersetzen wir uns wenigstens dem Versuch, aus ihr ein Possenspiel und einen Köder zu machen. Die Wiederherstellung wird meines Erachtens erst unternommen werden können, nachdem man die begangenen Verrätereien scharf und freimütig kritisiert hat, d. h. also erst nach dem Krieg. Dürfte ich mich doch wenigstens im Augenblick der Beendigung des Krieges der »Freiheit« erfreuen! Ich kann darüber gar nichts genaues sagen, denn das Gefängnis kann mich jeden Augenblick verschlingen, wenn es . . . den Göttern gefällt.

Klara war in der Schweiz, hat dem Kongreß beigewohnt und hat auch mit den Italienern gesprochen. Sie hat gute Arbeit gemacht und hat auch eine Menge niedlicher Kniffe unserer »patres conscripti« (Parteiväter) im Ausland in Erfahrung gebracht.

Ich drücke Ihnen herzlich die Hand, mein teurer Freund, und grüße Sie wie auch Ihre Familie. Schreiben Sie mir, wenn Sie Gelegenheit haben, etwas über die Grenze zu praktizieren, an die Adresse Herrn Hugo Eberlein, Berlin-Mariendorf, Ringstraße 82 (nichts weiter). Der kleine Band, den ich am 2. August an Sie abschickte, ist mir von der Post zurückgestellt worden.   R. L.

Lieber Genosse!

Ich schließe mich dem Untenstehenden an. Jetzt heißt's »charity begins at home« [1]. Leider sind wir heute noch gefesselt.

Terwagne hat anscheinend unsinniges Zeug über unser Zusammentreffen erzählt oder der »Telegraf« hat grob geschwindelt.

---

1 Englisches Sprichwort. Bedeutet etwa: »Wohltun beginnt im eigenen Hause.«

Ich grüße die Ihrigen und alle Freunde von Herzen. Wir fühlen uns solidarisch mit Ihnen im Kampf um Ihre Stellung in der Internationale.

Ihr
K. Liebknecht. [1]

---

1 Zu dieser Nachschrift Liebknechts bemerkt Camille Huysmans in seinem an den Herausgeber gerichteten Schreiben vom 11. März 1949:
... En ce qui concerne Karl Liebknecht, il s'était rendu en octobre 1914 à Liège où il avait rencontré Troclet, le père du ministre actuel. Il est venu me voir, — Bruxelles était occupé — avec une auto de la Kommandantur. Nous sommes allés dîner en ville avec Joseph Wauters et Vandersmissen, le Sécrétaire du Parti. Nous lui avons expliqué la situation, *qu'il ignorait*, et le lendemain je me suis rendu avec lui en province, notamment à Wavre, où les destructions étaient importantes. Nous n'avons pas pu entrer à Louvain, mais nous avons été obligés de continuer la route sur Tirlemont. Là nous avons essuyé les balles de l'armée belge qui avait fait une sortie d'Anvers, et nous nous sommes dirigés vers Tongres où j'ai pris congé de lui. En me quittant il m'a serré la main en disant: Maintenant, je sais ce qui s'est passé et je ferai mon devoir.

Übersetzung.
... Was Karl Liebknecht betrifft, so hatte er sich im Oktober 1914 nach Lüttich begeben, wo er Troclet, den Vater des jetzigen Ministers, traf. Er kam mich besuchen — Brüssel war besetzt — in einem Auto der Kommandantur. Wir haben mit Joseph Wauters und dem Parteisekretär Vandersmissen in der Stadt gegessen. Wir haben ihm die Situation, die er nicht kannte, auseinandergesetzt, und ich begab mich mit ihm am nächsten Tag in die Provinz, vor allem nach Wavre, wo es beträchtliche Zerstörungen gab. Wir konnten nicht nach Löwen, sondern wir mußten unseren Weg in der Richtung Tirlemont fortsetzen. Dort machten wir mit den Kugeln der belgischen Armee, die einen Ausfall aus Antwerpen gemacht hatte, Bekanntschaft, und wir begaben uns nach Tongres, wo ich mich von ihm verabschiedete. Als er mich verließ, drückte er mir die Hand und sagte: »Jetzt weiß ich, was sich abgespielt hat, und ich werde meine Pflicht tun.«

An Hans Diefenbach

1.

1. 11. 14.

Mein lieber Hannesle, heute soll's werden! Seit Wochen schreibe ich Ihnen »im Geiste« die ausführlichsten Briefe und komme nicht dazu, sie zu Papier zu bringen. Das lastete mir schon wie ein Stein auf dem Herzen. Aber ich habe so wenig Ruhe und Einsamkeit, trotzdem alles darniederliegt. Nun, jetzt soll's besser werden, ich habe wieder einmal vor, »ein neues Leben« zu beginnen, früh schlafen zu gehen, alle Besuche zur Tür hinausschmeißen und – zu arbeiten, aber feste! Und der erste Schritt des »neuen Lebens« ist der Brief an Sie. Ihre beiden letzten ausführlichen Briefe via Hans [1] haben mir furchtbar viel Freude gemacht. So kann ich mir wenigstens vorstellen, wie Sie leben und was Sie treiben ... Zuerst ein kleiner Bericht von mir, da Sie's wollten. Also meine verzweifelte anfängliche Stimmung ist auch schon anders. Nicht als ob ich die Lage rosiger beurteilte oder Grund zur Heiterkeit hätte – durchaus nicht. Aber die Heftigkeit des ersten Schlages, den man empfangen, ist abgestumpft, nachdem die Schläge zum täglichen Brot geworden sind. Daß die Partei und die Internationale kaputt sind, gründlich kaputt, unterliegt keinem Zweifel, aber gerade die wachsenden Dimensionen dieses Unglücks machen es zu einem weltgeschichtlichen Drama, dem gegenüber wieder die objektive historische Beurteilung Platz greift und das persönliche Sichhaareausraufen deplaciert wird. Natürlich bleibt die manchmal kaum erträgliche Pein jeden Augenblick bei immer neuen Schurkereien und Erbärmlichkeiten der ehemaligen »Freunde«, bei der unerhörten Degradation der Presse. Aber demgegenüber bleibt mir immer mehr die innere Überzeugung, daß – wenn es halt nicht anders gehen kann – ich mir noch allerlei schönen Trost für meine bescheidenen persönlichen Bedürfnisse finde: ein gutes Buch, einen Spaziergang im Südender Felde bei

---

1 Kautsky, Bruder Karl Kautskys. B. K.

schönem Herbstwetter, wie damals mit Hannesle über die Stoppeln, und endlich – die Musik! Ach Musik! Wie schmerzlich entbehre ich sie und wie sehne ich mich nach ihr! Bis jetzt konnte ich mir keine verschaffen. Erst gab es wochenlang nichts. Dann begannen aus jedem Anlaß politische Demonstrationen in der Oper, im Konzertsaal. Endlich jetzt könnte man's wagen, aber Hannesle ist nicht da, um Billete zu besorgen, und auch so ganz ohne Gesellschaft tröstet einen die Musik nicht. Schließlich hoffe ich noch auf Hans [1]. Er war vor einer Woche bei mir, um mir Ihren Brief zu bringen. Er ist frisch, rotbäckig, verjüngt. Rom hat ihm ausgezeichnet getan. Auch sonst hat er mir einen sehr angenehmen Eindruck gemacht und ich versprach, gleich zu ihm zu kommen, – komm aber nicht dazu. Vielleicht gehe ich morgen hin. Er versprach mir täglich zwei Stunden zu spielen, wenn ich nur komme. Von seinen Kindern hat er Ihnen wohl berichtet: Gretl glückliche Braut eines Slowaken von rührender Schüchternheit, Fritz – ein schneidiger Leutnant, Robert – perfekter Maler; nur Hansl bleibt ein fils perdu und mokiert sich über den Papschi in den Briefen an Robertl, und der arme Papschi muß just diese Briefe finden und lesen. Luise ist, wie H. erzählt, so parterre, daß ich besser tue, nicht hinzugehen, schon ein Telephongespräch ist ihr zu viel. Nächste Woche fahren sie (H. und L.) wieder nach dem Süden, ich beneide sie. Karli hat Karriere gemacht in Frankfurt/M., Bendel ist seit dem Typhus dick wie ein Schweinchen, Felix wie immer. Alles in allem gedeiht die Gens K. und findet ihren Weg durch die Fährnisse des Lebens. Vorige Woche war Donna Clara bei mir 6 Tage, sie ist körperlich furchtbar herunter. Costia ist noch zu Hause und arbeitet in der Redaktion. Von Maxim wieder kein Lebenszeichen seit 1 Mohat. Ja, von Medi [1] erhielt ich neulich wieder ein liebes Lebenszeichen. Sie war ja krank; jetzt ist sie wieder zu Hause und an der Arbeit. Brandels Vater [3] war endlich wieder hier vorige Woche, zusammen mit der Klara. Der Arme hat sich ziemlich verändert, eine Gesichtshälfte ist starr. Er zeigte mir einen Brief von Brandel, der sehr interessant war und den Burschen im besten Lichte zeigt. Er hat nicht weit von Ihnen. Schreiben Sie ihm: Vizefeldwebel B. G. XVIII Armeekorps, 25. Division, aktives Regiment Nr. 116, 6. Kompagnie. Er wird sich sicher freuen, von Ihnen zu hören. – Kurt Rosenfeld schreibt mir sehr oft, er ist im Osten, war neulich in Wilkowyscky, wo er – als Bataillonsschreiber – Preistaxen für koscheres und nichtkoscheres Fleisch festsetzte, Haussuchungen vornahm und dergleichen juristische Funktionen ausübte. Dann kam er in eine heiße Schlacht, machte Furchtbares durch und jetzt ist er, glaub ich, wieder auf deutschem Boden. Er ist geistig sehr

1 Kautsky, Bruder Karl Kautskys. B. K.
2 Die spätere Frau von Hans Kautsky jr. B. K.
3 Adolf Geck; s. die an ihn gerichteten Briefe in diesem Bande. B. K.

frisch und mobil geblieben und steht natürlich treu zur Fahne. Sie wollen wissen, was ich treibe, und namentlich, was ich schreibe. Also vor allem will ich jetzt meine Nationalökonomie fertig machen, was sich schon aus persönlich-ökonomischen Gründen sehr empfiehlt. Das ist eine Arbeit für mehrere Monate. Die Parteischule ist ja im Kriegsjahr geschlossen, so hätte ich Zeit, wenn ich nicht von Morgen bis Abend Besuche, Besprechungen und Sitzungen hätte. Aber das soll – wie gesagt – jetzt abgeschafft werden. Außerdem will ich natürlich eine Studie über den Krieg schreiben, was – wie Sie sich denken können, – eine dringende Notwendigkeit bald wird. Freilich herrscht einstweilen der »Burgfrieden«. Aber im Stillen leben wir mit den Südekums etc. wie Hunde und Katzen, und die Stimmung wird überhaupt immer lebendiger. Mich reizt das Problem rein theoretisch und schriftstellerisch sehr. »Nur Zeit, mein Weib, nur Zeit!« wie Dehmel – der »Freiwillige« – einst sang. Die Kundgebungen aller deutschen Poeten, Künstler und Gelehrten werden übrigens einst ein document humain ersten Ranges bilden.

Bald muß ich wohl meinen privaten »Burgfrieden« beziehen – in der festen Burg an der Turmstr. Daß mich dies unter solchen Umständen sonderlich freut, kann ich nicht behaupten. Vor einem halben Jahr freute ich mich darauf, wie auf ein Fest, heute fällt mir diese Ehre an die Brust, wie Ihnen das eiserne Kreuz. Nun ich tröste mich, daß ich zum Schluß des Krieges denn doch schon wieder Luft atme, wir ziehen wohl beide gleichzeitig in die Hauptstadt, Sie mit Eichenlaub um die Stirn als Sieger, ich – als Ihre weiße Ehrenjungfrau. Der Bundesrat rechnet nämlich in seiner gestrigen Kundgebung über die Höchstpreise mit einer Kriegsdauer bis über die Ernte 1915 hinaus, die englische und die russische Presse ebenso. Prosit Mahlzeit! Man fragt allgemein, wie halten das die Erntevorräte aus? Ich frage: wie halten das die Nerven der Soldaten und der Offiziere aus? Gott geb Ihnen weiter das ruhige Leben in der gastlichen Hütte Ihrer Bäuerin, bei der Sie so rührend den abwesenden Gatten zu vertreten suchen. Ich sehe aus Ihrem letzten Briefe übrigens, daß Sie ein paar fühlende Seelen unter Larven denn doch entdeckt haben und freue mich sehr darüber. Schreiben Sie mir weiter so oft wie möglich, es ist immer ein Fest in meinem Hause, wenn ein Brief von Ihnen kommt. Sogar die Mimi bericht ihn liebevoll (sie nennt das »lesen«). Gertrud ist seit dem 15. fort, ich gebe mir aber Rat allein. Seien Sie ruhig um mich, Hannesle, ich werde mich schon durchschlagen. Aber wenn Sie als ein bereicherter Conquistadore einen 100 Markschein monatlich hinwerfen wollen, sagen Sie, könnten Sie das nicht opfern, für einen jungen Kerl, der studieren will, höchst begabt ist und keine Mittel hat? Wenn er so wenigstens das Kriegsjahr ausnützen könnte, vielleicht schafft er sich später selbst eine Basis. – Gertrud hat Ihnen übrigens geschrieben und beklagt Ihr Schweigen. Nun herzliche Grüße von mir und Mimi. Schreiben Sie bald, ob Sie den Brief erhalten haben.

Ihre R.

Sie können ruhig an mich adressieren, oder, wenn Sie wollen, an Felix, der mir galant sofort übergeben wird (ich meine, wenn Hans wieder fort ist).

2.

Wronke in Posen. Festung. 7. 1. 17.

Hänschen, heute ist Sonntag, also ein für mich seit jeher fataler Tag, und ich fühle mich zum ersten Mal seit meinem Aufenthalt hier »so arm und so verlassen, wie jener Gott aus Nazareth«. Dafür kam mir heut grade das Gefühl: Ich muß an Hänschen schreiben. Sie sind mir doch nicht bös, daß ich so lange schwieg? Ich habe mich trotzdem über Ihre Briefe jedesmal herzlich gefreut, über ihnen närrisch gelacht und viel an Sie gedacht. Hänschen, wann werden wir wieder unsere schönen Abende in Südende erleben, wenn Sie mir zwischen zahllosen Tassen Tee Goethe vorlesen und ich mit Mimi auf dem Sopha mich der glücklichen Faulheit ergebe, oder wenn wir über Gott und die Welt disputieren, bis Hänschen um Mitternacht mit einem verzweifelten Blick auf die Uhr den Hut aufstülpt und im wahnsinnigen Galopp zur Bahn rennt, mir noch von der Ecke den Figaro zurückpfeifend? Ich fürchte, nach dem Kriege gibt es überhaupt keine Ruhe und keine Gemütlichkeit mehr. Und ich habe bei Gott so wenig Lust zu der bevorstehenden Rauferei! Immer und ewig dieselben holden Gestalten um mich haben, denselben Ad. Hoffm. [1] mit seinem Berliner »Mutterwitz« und seinen Inexpressibles (verzeihen Sie!), die wie zwei zusammenbrechende dorische Säulen aussehen, und ewig denselben breitkrämpigen braunen Plüschhut des Vaters Pfannkuch vor mir haben? Mir graut, daß ich bis zu meinem Lebensende von diesen Dingen flankiert werden soll. »Throne bersten, Reiche splittern«, die Welt steht auf dem Kopf – und zum Schluß komme ich nicht aus dem »schlimmen Zirkel« ewig derselben paar Dutzend Leute, – et plus ça change – plus ça reste tout à fait la même chose [2]. Also seien Sie auf alles gefaßt! Ich weiß noch gar nicht, was alles mit mir wird, ich bin ja, wie Sie wissen, auch ein Land der unbeschränkten Möglichkeiten. Für Sie habe ich hingegen endlich einen richtigen Lebensberuf

---

1 Adolf Hoffmann. B. K.
2 Je mehr es sich ändert, um so mehr bleibt es ganz dasselbe. B. K.

gefunden. Das heißt – entendons nous! [1] – einen *Nebenberuf!* Ihr Hauptberuf bleibt nach wie vor, in mein Erdendasein den Glanz und den Schimmer zu bringen, oder wie Sie das in Ihrem letzten (erhaltenen) Brief galant nennen: mein Hofnarr zu sein. Daneben sollen Sie uns eine in der deutschen Literatur noch nicht vertretene Gattung schaffen: den literarischen und historischen Essay. Dieser ist nämlich nicht, wie sich ein Franz Blei einbildet, das gegebene Refugium für geistige Impotenz auf allen anderen Gebieten, sondern eine ebenso strenge und berechtigte Kunstform wie das Lied in der Musik. Weshalb der Essay, der in England und Frankreich so glänzend vertreten ist, in Deutschland ganz fehlt? Ich glaube, das liegt daran, daß die Deutschen zu viel pedantische Gründlichkeit und zu wenig geistige Grazie besitzen und wenn sie was wissen, schon gleich eine schwere Dissertation mit einem Sack Zitate, lieber als eine leichte Skizze machen. Da nun Hänschen leider Gottes entschieden über mehr Grazie als Wissen verfügt, so ist er wie geschaffen, um den Essay in Deutschland mit Glanz einzuführen. Ich meine es übrigens ganz ernst! Mit Ihrem Herumnippen auf allen Blumenbeeten à la Zitronenfalter muß nach dem Kriege Schluß gemacht werden, mein Herr. Lassen Sie sich, bitte, den Macaulay in Tauchnitz ed. kommen, (Historical and critical Essays) und lesen Sie ihn aufmerksam.

Das Drama in Sillenb. hat mir einen schwereren Stoß versetzt, als Sie ahnen. Einen Stoß meinem Frieden und meiner Freundschaft. Sie werden mich an das Mitleid mahnen. Sie wissen, ich fühle und leide mit jeglicher Kreatur, eine Wespe, die mir ins Tintenfaß rutscht, spüle ich dreimal im lauwarmen Wasser und trockne sie auf dem Balkon in der Sonne, um ihr das bißchen Leben zurückzugeben. Aber sagen Sie mir, warum soll ich hier nicht mit der *anderen* Seite Mitleid empfinden, die bei lebendigem Leibe geröstet wird und an jedem Tag, den Gott gibt, die sieben Kreise der Danteschen Hölle passieren muß? Und dann: mein Mitleid wie meine Freundschaft haben eine ganz bestimmte Grenze: sie enden haarscharf dort, wo die Gemeinheit beginnt. Meine Freunde müssen nämlich ihre Rechnungen in sauberer Ordnung haben, und zwar nicht nur im öffentlichen, sondern auch im privaten und privatesten Leben. Aber öffentlich große Worte für »Freiheit des Individuums« donnern und im Privatleben eine Menschenseele aus wahnsinniger Leidenschaft versklaven, – ich begreife das nicht und verzeihe es nicht. Ich vermisse bei alledem die zwei Grundelemente der weiblichen Natur: Güte und Stolz. Herr Gott, wenn ich nur von Ferne ahne, daß mich jemand nicht mag, dann flüchtet schon mein Gedanke seine Kreise, wie ein verscheuchter Vogel, es scheint mir dann schon vermessen, ihn mit dem Blick zu streifen! Wie kann man, wie kann man sich bloß so preisgeben? Sie werden mich an das furchtbare Leiden

1 Verstehen wir uns. B. K.

mahnen. Nun, ich sage Ihnen, Hänschen, wenn mir der beste Freund einmal sagen würde: ich habe nur die Wahl, eine Gemeinheit zu begehen oder vor Leid zu sterben, dann würde ich ihm mit eisiger Ruhe antworten: dann stirb. Von *Ihnen* habe ich die wohltuende ruhige Überzeugung, Sie sind außerstande, auch nur in Gedanken eine Gemeinheit zu begehen, und wenn mich Ihr semmelblondes Temperament und Ihre ewig kühlen Hände oft irritieren, so sage ich doch: gesegnet sei die Temperamentlosigkeit, wenn sie mir dafür Bürge ist, daß Sie nie über das Glück und den Frieden anderer Menschen wie ein Panther dahinstürmen werden. Aber das hat mit Temperament auch nichts zu tun. Sie wissen, daß ich davon genug besitze, um eine Prärie in Brand zu stecken, und doch ist mir der Friede und der einfache Wunsch jedes anderen Menschen ein Heiligtum, vor dem ich lieber zusammenbreche, als es roh anzutasten. Schluß damit; zu keiner Seele außer Ihnen sage ich ein Wort über die traurige Sache.

Ich habe Ihnen noch gar nicht fürs Christkindle gedankt. Mehr gefreut hätte mich allerdings, wenn ich es nicht »in nuce«, sondern in fertiger Form Ihrer Wahl gekriegt hätte; doch ich weiß, Sie hätten mir aus Ihrem Nest höchstens Ihr Klavier oder Ihren Offiziersburschen schicken können, und ich habe hier für beide keinen Platz. Wann machen Sie endlich Schluß mit dem Kriege, damit wir wieder zu Figaro gehen können? Ach, ich habe Sie im Verdacht; Sie überlassen das Siegen über die Franzosen anderen und begnügen sich mit stilleren Siegen über die Französinnen, petit vaurien![1] Deshalb kommt der Krieg auch nicht vom Fleck. Aber ich verbitte mir alle »Annexionen«, hören Sie? Und bitte vor allem um ausführlichen Bericht und ein »umfassendes, reumütiges Bekenntnis«. Schreiben Sie direkt hierher nach Wronke i. P. Festung, Dr. Lübeck. Schreiben Sie bald. Ja, ich habe vergessen: es geht mir hier gut, sorgen Sie sich nicht um mich. Schicken Sie mir wieder Bildchen von Ihnen und Ihrem Gaul.

Herzlich Ihre R.

3.

ohne Datum.

Hänschen! Ich freue mich so furchtbar auf Ihren Besuch! Nur machen Sie mir keine Überraschungen. Telegraphieren Sie eventuell, wann Sie kommen. Und noch eins:

---

1 Kleiner Taugenichts. B. K.

1. Kommen Sie in Uniform,
2. seien Sie hier ganz natürlich, wie wenn wir zu Hause wären, auch auf den üblichen Wiedersehnkuß verzichte ich nicht; sonst, wenn Sie steif und befangen sind, werde ich's noch mehr unwillkürlich, und dann haben wir beide nichts davon.

Also ich erwarte Sie mit Ungeduld!

Herzlich Ihre R.

4.

Wronke i. P. (Poststempel 17. 2. 17).

L. H.

Dank für alles, ich brauche keine Bücher mehr. Telegraphieren Sie nochmals und erbitten Sie telegr. Bescheid. Wie steht's mit Ihrem Fieber? Von den widerspruchsvollen Ratschlägen der Frau R. halten Sie sich, wie stets mit Frauen, an das *letzte* Wort... Schreiben Sie, um Himmelswillen, etwas leserlicher! Und nicht auf Buchhändlerrechnungen.

Herzl. R.

Entschließen Sie sich nun zu einer der 3 Adressen, die Sie an mich ausprobiert haben. Ich schlage vor: Frau Dr. R. Luxemburg, Wronke i. P. Festung. Durch Ihre Eingabe haben Sie ja die liaison dangereuse [1] schon öffentlich bekannt!

5.

Wronke i. P. 5. 3. 17.
(zur Feier des Tages) [2]

Mein liebes Hänschen!

Ihre Vermutungen über meine Impulsivität, Jugendlichkeit und dergl. schmeichelhafte Dinge beruhen auf einem Irrtum. Denn erstens *habe* ich Ihnen ge-

---

1 Gefährliche Beziehung. B. K.
2 Rosas Geburtstag.

schrieben, – einen schönen, 8 Seiten langen Brief, – ich habe ihn bloß nicht abgeschickt (zum Beweis lege ich hier die Zeichnung, die ihn schmückte, bei, vielleicht gefällt sie Ihnen). Zweitens lebte ich ständig in der mir durch die Sehnsucht suggerierten Vorstellung, Sie müßten jeden Tag hier leibhaftig eintreffen. Doch es scheint, daß Herr von Kessel [1] es herausgekriegt hat, wie er mich am wehesten treffen kann, und will mich nun auf die Probe stellen, ob ich's »durchhalte«. Machen Sie mir das Durchhalten nicht schwerer, indem Sie mir zürnen, sondern schreiben Sie unverdrossen weiter, – lieb und geduldig mit mir, wenn ich's auch nicht wert bin – wie immer.

In Wirklichkeit mache ich jetzt eben eine etwas schwere Zeit durch. Es wiederholt sich genau wie voriges Jahr in der Barnimstraße: 7 Monate halte ich mich stramm, im achten, neunten versagen die Nerven plötzlich; jeder Tag, den ich herunterleben muß, wird ein kleiner Berg, der mühsam bestiegen wird, und jede Kleinigkeit irritiert mich schmerzlich. In 5 Tagen sind eben volle 8 Monate des zweiten Jahres meiner Einsamkeit durch. Dann kommt sicher wieder, wie voriges Jahr, eine Belebung von selbst, zumal es ja zum Frühling geht. Übrigens wäre alles viel leichter zu erleben, wenn ich bloß nicht das Grundgebot vergessen würde, das ich mir für's Leben gemacht habe: *Gut* sein ist Hauptsache! Einfach und schlicht *gut* sein, das löst und bindet alles und ist besser als alle Klugheit und Rechthaberei. Aber wer soll mich daran hier erinnern, wenn nicht einmal die Mimi da ist? Die wußte mich zu Hause so manches Mal durch ihren schweigenden, langen Blick auf den richtigen Weg zu führen, daß ich sie (Ihnen zum Trotz!) immer wieder abküssen mußte und sagen: Du hast Recht, gut sein ist Hauptsache. Wenn Sie also aus meinem Schweigen oder Reden manchmal merken, daß ich trotzig oder verbissen bin, mahnen Sie mich nur an den Wahrspruch der Mimi und – gehen Sie mir mit dem Beispiel voran: seien *Sie* gut, ob ich's auch nicht verdiene ...

Nun vor allem vielen Dank – die Liste ist lang angewachsen: für Büchlein, für Sacharin (folgt mit Draufgabe zurück, da ich großen Vorrat bekam und Sie ihn selbst brauchen), für das Bildchen, für das Thermometer, für die Süßigkeiten, für die zwei letzten Bücher, besonders für die römischen Kaiserportraits, die eine anschauliche Erziehung zum republikanischen Glauben sind, vor allem für Briefe, die mir ein großer Trost sind. Ihre Epopöe in Wronke hat mir viel Spaß gemacht, schade nur, daß ich sie nicht mitmachen und nicht einmal einen Strahl davon abfangen konnte. Unbändig freute ich mich aber über den Brief, in dem Sie mich mit allen Künsten zu verführen suchen, mal den Hebbel zu lesen, und im voraus die Überraschung meiner Ahnungslosigkeit genießen! Wie freue ich mich, daß Sie immer noch dasselbe unverwüstliche Hänschen sind und unmöglich annehmen können, daß ich etwas

---

1 Der in Berlin kommandierende General, dem Rosa als Schutzhäftling unterstellt war. B. K.

weiß und kenne, was ich nicht aus Ihren lieben Mentor-Händen empfange! O Hanneselein, ich kenne den Hebbel länger als ich Sie kenne. Ich habe ihn noch von Mehring ausgeborgt in jener Zeit, als unsere Freundschaft die heißeste Zeit durchmachte und die Gegend zwischen Steglitz und Friedenau (allwo ich noch wohnte) eine tropische Landschaft darstellte, in der Elephas primigenius graste und die schlanke Giraffe die grünen Wedel von der Phönixpalme abpflückte. Damals – wo Hänschen noch nicht Mal in Konzeption für Berlin existierte – las ich die Agnes Bernauer, Maria Magdalene, Judith, Herodes und Mariamne. Weiter kam ich allerdings nicht, denn das tropische Klima mußte jäh der ersten großen Gletscherperiode weichen und meine dicke Gertrud mußte mit einem Waschkorb voll erhaltener Geschenke und geliehener Bücher nach Steglitz wandern, in Beantwortung eines ebensolchen Transportes, der in Friedenau eingetroffen war, wie dies bei unserer jedesmaligen Entlobung zu erfolgen pflegt. Hebbel kenne ich also und habe für ihn einen großen, wenn auch kühlen Respekt. Ich stelle ihn bei weitem *unter* Grillparzer und Kleist. Er hat viel Intelligenz und schöne Form, seine Menschen besitzen aber zu wenig Blut und Leben, sind zu sehr bloß Träger ausgeklügelter spitzfindiger Probleme. Wenn Sie mir ihn verehren wollen, dürfte ich vielleicht umtauschen, und zwar gegen *Grillparzer?* Diesen liebe ich schon ernstlich. Kennen Sie ihn und schätzen Sie ihn auch genügend? Wenn Sie etwas Vortreffliches lesen wollen, dann nehmen Sie ein kurzes Fragment von ihm: die »Judith« [1]. Der reinste Shakespeare an Knappheit, Treffsicherheit und volkstümlichem Humor, mit dem zarten, poetischen Hauch noch dazu, den Sh. nicht hat. Ist es nicht zum Lachen, daß Grillparzer ein lederner Staatsbeamter und langweiliger Patron war? (siehe seine Selbstbiographie, die fast so abgeschmackt ist wie die Bebelsche).

Wie steht es nun aber mit *Ihrer* Lektüre? Sind sie genügend versehen? Ich habe nämlich in der letzten Zeit eine Reihe neuer guter Bekanntschaften gemacht, die ich Ihnen sehr ans Herz legen möchte. So vor allem – falls Sie ihn noch nicht kennen – den »Emanuel Quint« von Gerh. Hauptmann (ein Roman). Kennen Sie die Christus-Bilder von Hans Thoma? So werden Sie in diesem Buche die Vision des Christus erleben, wie er schlank und von rötlichem Licht umflossen durch reife Kornfelder geht und um seine dunkle Gestalt rechts und links weiche Lilawogen über die silbernen Ähren fließen. Mich hat dort unter unzähligen anderen ein Problem gepackt, das ich sonst noch nirgends dargestellt fand und das ich aus eigenem Leben so tief empfinde: die Tragik des Menschen, der der Menge predigt und fühlt, wie jedes Wort in demselben Augenblick, wo es seinen Mund verläßt, vergröbert und erstarrt und in den Hirnen der Hörer zum Zerrbild wird; und auf dieses Zerr-

---

1 Muß wohl »Esther« heißen.

bild seiner selbst wird nun der Prediger festgenagelt und von den Schülern schließlich umringt und mit rohem Lärm umtobt: »Zeige uns das Wunder! Du hast uns so gelehrt. Wo ist dein Wunder?« Es ist geradezu genial, wie Hauptmann das schildert. Hänschen, man soll nie mit seinem Urteil über Menschen fertig werden: sie können einen immer noch überraschen, im schlechten, aber gottlob auch im guten Sinne. Ich hielt den Hauptmann für einen vollendeten Fatzke und nun schwingt der Kerl so ein Buch voller Tiefe und Größe, daß ich ihm am liebsten gleich einen fieberheißen Brief geschrieben hätte. Ich weiß, *Sie* hätten mich dazu ermuntert, wie Sie wollten, daß ich der Ricarda Huch schreibe. Ich bin aber zu solchen ostentativen Beichten zu scheu und zurückhaltend, mir genügt es, wenn ich *Ihnen* beichte.

Ich hätte Ihnen noch tausend Dinge zu sagen. Wann kommen Sie endlich?

Herzl. Ihre R.

Bitte richten Sie bei Marchl. [1] meinen schönsten Dank für die »Ingeborg« von Kellermann und viele Grüße aus. Ich hoffe, die Herrschaften mal zu besuchen und die reizende Jagoda kennen zu lernen.

6.

Wronke i. P. Festung
(ohne »c«) 8. 3. 17.

Hänschen, von den tausend Dingen, die ich Ihnen zu sagen habe, hier noch eine Handvoll. Jetzt bin ich wieder in ruhigerer Verfassung und will Ihnen deshalb schreiben, jenen zerrissenen Brief schickte ich nicht, um Sie nicht traurig zu machen; schwarz auf weiß macht sich eine vorübergehende Depression viel tragischer, als in Wirklichkeit. Jetzt schreibe ich hauptsächlich aus folgendem Anlaß. Frl. Mathilde J., [2] die hier ist, fährt nach Posen und hofft Sie zu sehen; ich habe sie dazu angestiftet, weil ich mir denke, daß Ihnen das recht sein wird; sie wird Ihnen über mich ausführlich berichten und Ihnen meine brühwarmen Grüße überbringen, – aber auch noch Etwas! Und dieses Etwas ist – mein Manuskript der Antikritik, Antwort auf die Eckstein, Bauer & Co., zur Verteidigung meines Buches über die Akkumulation! Sie Unseliger sind ausersehen, der zweite Leser dieses Opus zu sein (der erste war natürlich Mehring, der das Manuskript mehrmals gelesen hat und es beim ersten Mal

---

1 Familie Marchlewski in Posen.
2 Jacob. B. K.

»einfach genial«, »eine wahrhaft großartige hinreißende Leistung« nannte, die seit Marx' Tode ihresgleichen nicht habe; bei einem späteren Bericht — wir hatten uns inzwischen vorübergehend »verknurrt«, wie er das nennt — hat er sich gemäßigter ausgedrückt!...) In Wirklichkeit ist das eine Leistung, auf die ich einigermaßen stolz bin und die mich sicher überleben wird. Sie ist viel reifer als die »Akkumulation« selbst: die Form zur höchsten Einfachheit gebracht, ohne jedes Beiwerk, ohne jede Koketterie und Blendwerk, schlicht, nur auf große Linien reduziert, ich möchte sagen »nackt«, wie ein Marmorblock. Dies ist jetzt überhaupt meine Geschmackrichtung, die in der wissenschaftlichen Arbeit wie in der Kunst nur das Einfache, Ruhige und Großzügige schätzt, weshalb mir z. B. der vielgerühmte erste Band des Marxschen »Kapital« mit seiner Überladung an Rokoko-Ornamenten im Hegelschen Stil jetzt ein Greuel ist (wofür vom Parteistandpunkt 5 Jahre Zuchthaus und 10 J. Ehrverlust verwirkt sind...) Natürlich muß der Leser, um meine »Antikritik« wissenschaftlich zu würdigen, die Nationalökonomie im allgemeinen und die Marxsche im besonderen aus dem ff. beherrschen. Und wie viele solche Sterbliche gibt es heute? Nicht ein halbes Dutzend. Meine Arbeiten sind wirklich von diesem Standpunkt Luxusware und könnten auf Büttenpapier gedruckt werden. Die »Antikritik« ist aber wenigstens ganz frei von den algebraischen Formeln, die auf den »schlichten Leser« so panisch wirken. Im allgemeinen glaube ich, daß Sie das Ding verstehen werden, Mehring rühmte gerade »die kristallene Klarheit und Durchsichtigkeit der Darstellung«. Sie sollen es also lesen und mir Ihr Urteil als »einfacher Mann aus dem Volke« sagen. Über die künstlerische Seite der Darstellung ist mir Ihr Urteil von größtem Wert. Ich will aber auch sehen, wieviel Sie davon kapieren werden. Also frisch an die Arbeit! Surge puer [1], oder wenn Sie nicht können, lesen Sie's im Liegen, aber machen Sie sich daran und schreiben Sie, welchen Eindruck Sie davontragen. Es wird Ihnen auch gar nicht schaden, mal wieder in die Nationalökonomie hineinzuschmecken.

Ach, Hänschen, wenn doch der Winter schon zu Ende wäre. Mich zermalmt dieses Wetter, ich kann jetzt keine Härte vertragen, weder von Menschen noch von der Natur. Jedes Jahr um diese Zeit pflegte ich schon meine Reisevorbereitungen zu machen, denn am 7. oder 10. April war ich schon stets am Genfer See. Jetzt habe ich ihn drei Jahre nicht gesehen. O dieser blaue, traumhaft schöne Genfer See. Wissen Sie noch, welche Überraschung man erlebt, wenn man nach der öden Strecke Bern—Lausanne und nach einem letzten furchtbar langen Tunnel plötzlich über der großen blauen Tafel des Sees schwebt! Jedesmal flattert mir das Herz auf wie ein Falter. Und dann die herrliche Strecke von Lausanne nach Clarens, mit den winzigen Statiönchen

---

1 Erhebe dich, Knabe! B. K.

alle 20 Minuten, tief unten am Wasser ein Häuflein kleiner Häuser um ein weißes Kirchlein gruppiert, der ruhig singende Ausruf des Kondukteurs, dann fängt die Stationsglocke ihr Gebimmel an, – je dreimal hintereinander, und wieder dreimal, und wieder – der Zug setzt sich langsam in Bewegung, aber die Glocke bimmelt immer noch so hell und heiter. Und der blaue Wasserspiegel ändert immerzu seine Fläche zum Bahngeleise, bald steht er aufwärts schräg, bald abfallend und darauf kriechen unten wie ins Wasser gefallene Maikäfer die kleinen Dampfer, eine lange Schleppe weißen Schaums nach sich ziehend. Und das jenseitige Ufer – die weiße schroffe Bergwand unten meist in blauem Duft verhüllt, sodaß nur die oberen Schneepartien so unwirklich im Himmel schweben. Und über allem der blendende mächtige Dent du Midi. Herrgott, wann werde ich wieder den April dort verleben! Wie Balsam gießt sich dort die Luft und Ruhe und Heiterkeit jedesmal in meine Seele. In meinem Chailly sur Clarens sind die Weinberge noch mit Unkraut vorigen Jahrs überwuchert. Das Behacken beginnt erst allmählich. Ich darf noch in den Weinbergen herumschlendern und die roten Taubnesseln und die saphirblauen, betäubend duftenden Traubenhyazinthen pflücken, die dort in ungezählten Mengen wuchern. Um 11 Uhr wird den Bauern das Mittagessen heraufgebracht; der Vater in Hemdärmeln legt den Spaten weg und setzt sich auf die Erde, die Frau und die Kinder, die mitgekommen sind, hocken um ihn herum; der mitgebrachte Korb wird aufgemacht und die Familie verzehrt schweigend das Mahl. Der Vater wischt sich mit dem Hemdärmel den Schweiß von der Stirne, denn die April-Sonne brennt schon hier im Weinberg tüchtig. Und ich liege schweigend in der Nähe, lasse mich von der Sonne durchglühen, beobachte blinzelnd die Winzerfamilie und nage an einem Grashalm, im Kopf keinen einzigen Gedanken, aber im ganzen Körper das einzige Gefühl: Herrgott, wie schön ist die Welt und das Leben! Und oben auf dem Col de Jamen kriecht ein Bähnlein von Glion hinauf, wie eine dunkle Raupe, über ihm in der Luft ein winziger Rauchschleier, der in der Luft flattert, wie ein ferner Gruß eines abfahrenden Freundes!...

Hänschen, adieu,
R.

7.

L. H. Was machen Sie für Sachen! Sie schreiben am 13., daß Sie »morgen« einen ausführlichen Brief senden und dann schweigen Sie 2 Wochen. Ich hatte ja schon die schwärzesten Ahnungen in Bezug auf Ihre Krankheit, plötzliche Abreise, etc. etc. Und dann: nach der bitteren Enttäuschung der Absage sind mir ja die Briefe der einzige Trost. Also bessern Sie sich. Und schreiben Sie nicht so lange an einem Brief, oder wenigstens häufiger Karten dazwischen. Was heißt übrigens, daß Sie jetzt »tüchtig arbeiten«? Sie sind ja Patient!! Oder was für »Arbeit« meinen Sie?

Wie mich Rußland innerlich in Aufruhr gebracht hat, können Sie sich ja denken. So mancher alter Freund, der in Moskau, in Petersburg, Orel oder Riga seit Jahren im Kerker schmachtete, spaziert jetzt frei. Wie mir das mein Sitzen hier erleichtert! Ein komischer change de places [1], nicht wahr? Aber ich bin's zufrieden und gönne Jenen ihre Freiheit, wenn auch *meine* Chancen gerade dadurch umso schlechter geworden sind...

Was meine Visite bei Dr. L. betrifft, so reduziert sich die Kur im Grunde genommen auf jenen Rat, den der gute alte Pfarrer auf der Ufenau dem todkranken Hutten gab:

»... Jetzt findet Ruhe hier,
Horcht nicht hinaus, horcht nicht hinüber mir,
In dieser stillen Bucht erstirbt der Sturm der Zeit,
Vergesset Hutten, daß Ihr Hutten seid!«

Und darauf Hutten:

»Dein Rat, mein teurer Freund, ist wundervoll;
Nicht leben soll ich – wenn ich leben soll!«

Nun, ich pflege mich ja nie über Unerreichbares lange zu grämen und hänge mit ganzer Seele an der Gegenwart und dem Schönen, was sie bietet. Meine schlimmste Zeit ist übrigens schon vorbei und ich atme freier, – der ominöse 8. Monat war gestern zu Ende. Wir hatten hier einen heiteren, sonnigen Tag, wenn auch etwas kühl, und das Gewirr der noch ganz kahlen Sträucher in meinem Gärtlein schillerte im Sonnenschein in allen Regenbogenfarben. Dazu trillerten die Lerchen schon hoch in der Luft und man bekam trotz Schnee und Kälte doch eine Ahnung vom Frühling. Da kam mir in den Sinn, daß ich voriges Jahr um diese Zeit schon und noch frei war und zur Osterzeit mit Karl [2] und seiner Frau in der Garnisonkirche bei der Matthäuspassion saß. Doch was brauchts Bach und die Matthäuspassion! Wenn ich an einem lauen Frühlingstag einfach in meinem Südende auf den Straßen schlendre – ich glaube, dort kennt mich schon jedermann an meinem verträumten Herumstrolchen – beide Hände in den Taschen des Jäckchens, ohne Ziel, nur um zu gaffen und das Leben einzusaugen – aus den Häusern tönt österliches Matratzenklopfen, eine Henne gackert irgendwo laut, kleine Schulbuben balgen

---

1 Stellenwechsel. B. K.
2 Karl Liebknecht.

sich auf dem Nachhauseweg mitten auf dem Fahrdamm mit hellem Geschrei und Lachen, ein vorbeikeuchender Stadtbahnzug sendet einen kurzen grüßenden Pfiff in die Luft, ein schwerer Bierwagen rattert die Straße herunter und die Hufe seiner Pferde klopfen rhythmisch und kräftig auf der Eisenbahnbrücke, dazwischen schilpen lärmend die Spatzen – so ergibt das alles in hellem Sonnenschein eine solche Symphonie, ein solches »Lied an die Freude«, wie sie kein Bach und kein Beethoven wiedergeben kann, und mein Herz jauchzt über alles, über jede nüchternste Kleinigkeit.

Ich stehe neben anderen Gaffern an dem kleinen Südende-Bahnhof, vor dem stets irgendwelche Grüppchen herumlungern. Wissen Sie noch? links der Blumenladen, rechts der Zigarrenladen. Wie herrlich das Farbengewirr im Schaufenster des Blumenladens! Das hübsche Ladenfräulein lächelt mir von Innen zu, über die Blumen hinweg, die sie einer Dame verkauft, sie kennt mich gut, da ich nie vorbeigehe, ohne sei es auch für die letzten 10 Pf. ein Sträußchen zu kaufen. Im Fenster des Zigarrenladens hängen Lotterie-Lose, sind sie nicht entzückend? Ich lächele beglückt über Pferde-Lotterie-Lose. Drinnen im Laden, dessen Tür breit offen steht, spricht jemand (für 5 Pf.) laut in den Telephon: »Ja. Wie? Ja. Ich komme also um 5 Uhr. Ja. Na schön. Dann auf Wiedersehen also. Um 5 Uhr. Auf Wiedersehen. Adieu...« Wie sympathisch diese speckige Stimme und dieses dumme Gespräch! Wie erfreulich scheint mir, daß dieser Herr um 5 Uhr irgendwohin kommen wird. Ich möchte ihm beinahe rufen: Grüßen Sie, bitte, von mir, – was weiß ich wen. Wen Sie wollen... Hier stehen zwei alte Weiber mit Markttaschen am Arm und schwatzen mit den üblichen geheimnisvollverbissenen Mienen. Ich finde sie lieblich... An der Ecke trippelt der einäugige, hagere Zeitungsmensch, reibt sich die Hände und ruft wie ein Automat sein ewiges: »Voschsche Zeitung mit Zeitbilda...« Wenn graues Wetter ist, – ich muß ja hier zur Parteischule jeden Tag vorbei, – bringt mich dieser Mensch mit seiner Aussprache zur Verzweiflung, und ich verliere jedes Mal die Hoffnung, daß aus meinem Leben noch irgend etwas Vernünftiges wird. Jetzt, da er von oben bis unten in der Aprilsonne badet, finde ich seine »Zeitbilda« rührend, lächele ihn wie einen alten Freund an und suche ihm durch Kauf seiner »Voschschen« alle die grimmigen Blicke abzubitten, die ich ihm im Winter geschleudert hatte... An der anderen Ecke ist ein kleines Schultheiß-Restaurant mit ewig heruntergelassenen gelben Jalousien; diese schmutzigen verhängten Scheiben und die Tische draußen im Vorgärtchen auf dem Kies, mit den ewig rot-blau gewürfelten Decken, die mich sonst so melancholisch stimmen, daß ich rasch vorbei muß, um nicht in Tränen auszubrechen, diese Tische scheinen mir heute geradezu hübsch. Schauen Sie, wie auf ihnen die Schatten vom Geäste des danebenstehenden Ahorns spielen und leise hin und her huschen, – kann es etwas Lieblicheres geben? Und hier beim Bäcker geht die Tür mit lautem

Knarren fortwährend auf und zu. Adrette Dienstmädchen, kleine Kinder gehen hinein und mit weißen Tüten beladen wieder heraus. Mutet dieses fleißige Knarren, das sich irgendwie mit dem appetitlichen Duft des Gebäcks aus dem Laden und dem Schilpen der Spatzen auf dem Fahrdamm vermischt, nicht wie etwas Tüchtiges, Selbstverständliches an? Scheint es nicht zu sagen: »Ich bin das Leben und das Leben ist schön...« Jetzt taucht aus dem Bäckerladen, vor dem ich gaffend stehe, die steinalte gebückte Großmutter von Schusters aus meiner Straße. »Fräulein, Sie wollten uns doch mal zum Kaffee besuchen«, redet sie mich mit zahnlosem Mund an. (Sie nennen mich alle in Südende »Fräulein«, ich weiß nicht warum). Ich kann sie kaum verstehen, verspreche aber freudig, mal »zum Kaffee« zu kommen. Ganz bestimmt. Da nickt sie lächelnd und ihr ganzes verrunzeltes altes Gesicht strahlt. »Aber ganz bestimmt!« ruft sie noch zurück. Herrgott, wie sind alle Menschen eigentlich nett und gut; da grüßt mich schon wieder eine Dame, die ich gar nicht kenne, und schaut sich lächelnd um. Wahrscheinlich sehe ich mit meinem glückstrahlenden Gesicht und den Händen in den Taschen etwas sonderbar aus. Aber was geht es mich an! Gibt es denn ein höheres Glück, als solch zielloses Herumstehen auf der Straße in der Frühlingssonne, die Hände in den Taschen und ein Sträußchen für 10 Pf. im Knopfloch?

Hänschen, ich glaube Posen liegt östlicher als Wronke. Zu Ihnen kommt die Aprilsonne zuerst. Schicken Sie sie dann schleunigst zu mir, damit sie mir wieder die Wunder des Lebens zeigt, die überall auf der Straße liegen, und mich wieder gut, klar und ruhig macht.

R.

8.

Wronke i. P., 30. 3. 17.

L. H. Mitten in meinem mühsam aufgebauten schönen Gleichgewicht packte mich gestern vor dem Einschlafen wieder eine Verzweiflung, die viel schwärzer war als die Nacht. Und heute ist auch noch ein grauer Tag, statt Sonne – kalter Ostwind... Ich fühle mich wie eine erfrorene Hummel; haben Sie schon mal im Garten, in den ersten frostigen Herbstmorgen, eine solche Hummel gefunden, wie sie ganz klamm, wie tot, auf dem Rücken liegt im Gras, die Beinchen eingezogen und das Pelzlein mit Reif bedeckt? Erst wenn die Sonne sie ordentlich durchwärmt, fangen die Beinchen sich langsam zu regen und zu strecken an, dann wälzt sich das Körperchen um und erhebt sich endlich mit Gebrumm schwerfällig in die Luft. Es war immer mein Geschäft, an solchen erfrorenen Hummeln niederzuknien und sie mit dem warmen Atem meines Mundes zum Leben zu wecken. Wenn mich Arme doch die Sonne auch schon aus meiner Todeskälte erwecken wollte! Einstweilen fechte ich wider die Teufel in meinem Innern wie Luther – mit dem Tintenfaß. Und deshalb müssen Sie als Opfer einem Sperrfeuer von Briefen standhalten. Bis Sie Ihr großes Geschütz geladen haben, überschütte ich Sie mit meinem Kleinkalibrigen, daß Ihnen angst und bange wird. Übrigens, wenn Sie an der Front auch mit dieser Rapidität Ihre Kanonen luden, dann wundert mich unser jetziger Rückzug an der Somme und Ancre wahrhaftig nicht und *Sie* werden es sicher auf dem Gewissen haben, wenn wir den Frieden schließen müssen, ohne das schöne Flandern zu annektieren.

Ich danke Ihnen sehr für das kleine Buch Ricarda Huch über Keller. Vorige Woche, da mir gar jämmerlich zu Mute war, las ich's mit Vergnügen. Ricarda ist wirklich eine äußerst gescheite und intelligente Person. Nur kommt mir ihr so sehr ausgeglichener, zurückhaltender, beherrschter Stil etwas gemacht vor, ihre Klassizität mutet mich etwas *pseudo*klassisch, absichtlich an. Wer innerlich wirklich reich und frei ist, kann sich doch jederzeit natürlich geben und von seiner Leidenschaft mit fortreißen lassen, ohne sich untreu zu werden. Auch Gottfried Keller las ich wieder: die Züricher Novellen und den Martin Salander. Bitte fahren Sie nicht in die Höhe, aber Keller kann entschieden keinen Roman und keine Novelle schreiben. Was er gibt, ist immer nur *Erzählung* über längst vergangene tote Dinge und Menschen, aber ich bin nie dabei, wenn etwas geschieht, ich sehe immer nur den Erzähler, der schöne Erinnerungen auskramt, wie alte Leute gern tun. Nur der erste Teil des »Grünen Heinrich« *lebt* wirklich. Trotzdem tut mir Keller immer wohl, weil er so ein Prachtkerl ist, und wen man lieb hat, mit dem sitzt man gern und plaudert über die nichtigsten Dinge und die kleinsten Erinnerungen.

Ich habe noch nie einen Frühling so bewußt und in vollen Zügen erlebt, wie den vorigen um diese Zeit. Vielleicht weil es nach dem Jahr Zelle war oder weil ich jetzt jeden Strauch und jedes Gräslein genau kenne und deshalb die Entfaltung im einzelnen verfolgen kann. Wissen Sie noch, wie wir erst vor einigen Jahren bei einem gelbblühenden Strauch im Südenden rieten, was es wohl sei? Sie machten »den Vorschlag«, es als »Goldregen« zu rekognoszieren. Natürlich wars keiner! Wie froh bin ich, daß ich mich vor 3 Jahren plötzlich in das Botanisieren gestürzt habe, wie in alles, gleich mit meiner ganzen Glut, mit dem ganzen Ich, daß mir die Welt, die Partei und die Arbeit verging und nur die eine Leidenschaft mich Tag und Nacht erfüllte: draußen in Frühlingsfeldern herumzustrolchen, die Arme voll Pflanzen zu sammeln und dann zu Hause zu ordnen, zu erkennen, in die Hefte einzutragen. Wie lebte ich damals den ganzen Frühling wie im Fieber, wie viel litt ich, wenn ich vor einem neuen Pflänzchen saß und es lange nicht festzustellen und einzureihen wußte; ich wurde mehrmals fast ohnmächtig in solchen Fällen, so daß die Gertrud mir vor Ärger die Pflanzen »wegzunehmen« drohte. Dafür bin ich jetzt in dem grünen Reich zu Hause, ich habe es mir erobert – im Sturm, in Leidenschaft, und was man so mit Glut erfaßt, das hat in einem feste Wurzeln.

Vorigen Frühling habe ich noch einen Partner bei diesen Wanderungen gehabt: Karl L. Sie wissen vielleicht, wie er seit langen Jahren lebte: nur noch im Parlament, Sitzungen, Kommissionen, Besprechungen, in Hatz und Drang, stets auf dem Sprung von der Stadtbahn auf die Elektrische und von der Elektrischen ins Auto, alle Taschen vollgepfropft mit Notizblocks, alle Arme voll frisch gekaufter Zeitungen, die er doch unmöglich Zeit hatte, alle zu lesen, Leib und Seele mit Straßenstaub bedeckt, und doch immer mit dem liebenswürdigen jungen Lächeln im Gesicht. Ich hatte ihn gezwungen vorigen Frühling, ein wenig Pause zu machen, sich zu erinnern, daß es außer Reichstag und Landtag noch eine Welt gibt, und er schlenderte mit Sonja und mir mehrmals durch die Felder und im Botanischen. Wie konnte er sich da wie ein Kind vor einer Birke mit jungen Kätzchen freuen! Einmal machten wir quer über die Felder den Marsch nach Marienfelde. Sie kennen auch den Weg, – wissen Sie noch? – wir haben diese Tour mal Beide im Herbst gemacht, wo wir über Stoppeln mußten. Vorigen April aber mit Karl war es an einem Vormittag und die Felder standen erst im frischen Grün der Wintersaaten. Ein lauer Wind jagte graue Wolken am Himmel stoßweise hin und her, und die Felder strahlten bald im hellen Sonnenschein, bald verdunkelten sie sich smaragdgrün im Schatten, – ein herrliches Spiel, bei dem wir schweigend marschierten. Plötzlich blieb Karl stehen und fing an, seltsame Sprünge auszuführen, dazu noch mit ernstem Gesicht. Ich sah ihm erstaunt zu und erschrak sogar ein wenig. »Was haben Sie?« »Ich bin so selig«, antwortete er bloß, worauf wir natürlich wie toll lachen mußten.

Herzl. R.

In die Perlenschnur der Hindenburgschen Affen aus Afrika und Asien wollten Sie mich zu Unrecht als »schönsten Edelstein« eingereiht wissen. Ich bin nach amtlicher Erklärung *keine* »Kriegsgefangene«. Beweis: ich muß meine Briefe frankieren.

Nr. 1

Wronke i. P., 5. 4. 17.

L. H. Guten Tag! Mein kleiner Pfeil soll Sie gleich an der Schwelle Ihres Zimmers annageln, um Ihnen herzlichste Ostergrüße aus Wronke zu bringen und vielen Dank für 3 Briefe und 6 Prachtbände Grillparzer. Zuerst zu Ihrer Beruhigung: Ich habe *alles* von Ihnen pünktlich erhalten, außer des einen mysteriösen Briefes vom 20., der irgendwohin abgeirrt ist, was schließlich »in den besten Familien« mal vorkommt. Sie können also unbesorgt weiter frisch drauflos schreiben, zur Kontrolle wollen wir nunmehr die Briefe *numerieren* (*nicht* Postkarten!), notieren Sie sich aber selbst auf, um keine Verwirrung anzustiften . . .

Ihr langer Brief vom 24.–29. 3. hatte mich durch seinen gedrückten und gequälten Ton tief betrübt, was aber wohl daran lag, daß Sie an ihm, wie der liebe Herrgott an der Weltschöpfung, ganze 6 Tage arbeiteten, bei welcher Methode natürlich in beiden Fällen nichts Vollkommenes werden konnte. Im Ernst, Hänschen, Ihre Depression, die in jenem Brief und auch noch in dem folgenden kurzen so deutlich spricht, hat mir lebhaft Sorge gemacht. Was ist's zu Hause: ist der alte Herr nicht auf dem Posten, ist's was mit der Tante, mit der Schwester? Geben Sie einen kleinen Wink.

Wie freue ich mich, daß Sie in zwei Wochen wieder nach Posen kommen! Dieser krasse Egoismus, nicht wahr? Aber es ist wirklich komisch: obwohl ich Sie ja hier genau so wenig sehe, als wenn Sie in Frankreich wären, so gibt mir das Gefühl Ihrer geographischen Nähe doch eine ganz andere Lust zum Briefwechsel, wie während der 2 Jahre, wo Sie in unbekannten Fernen zwischen Glogau und Gorsous [1] schwebten.

Ich bin mit den Nibelungen von Hebbel fertig, die ich mir in Posen erstanden hatte, und bin – bitte nehmen Sie's mir nicht übel – ehrlich enttäuscht. Ich halte die Nibelungen für seine schwächste Sache; kein Vergleich an Geschlossenheit und straffer Muskulatur mit Judith, Herodes oder Gyges. Er konnte sichtlich den großen Stoff nicht bewältigen, zerfasert sich, irrt auf Nebenwege ab und erzielt wenigstens bei mir – keine Wirkung. Vor allem aber: es ist ja ewig ein und dasselbe Problem, das er wälzt: die Kraftprobe zwischen Weib und Mann. Ein rein akademisches, herausspintisiertes Problem, das in Wirklichkeit

---

1 Es war nicht festzustellen, welcher Ort gemeint ist. B. K. (Wahrscheinlich Landsberg, das polnisch Gorzów heißt.)

gar nicht existiert. Denn entweder ist die Frau eine Persönlichkeit – ich meine nicht eine sogen. »hervorragende Frau«, sondern ein Herz voller Güte und innerer Festigkeit, wie man es so gut in der Bauernhütte als in Bürgerfamilien finden kann – dann setzt sie sich durch und bleibt moralisch Siegerin, auch wenn sie in Kleinigkeiten nachgibt. Oder sie ist innerlich Nichts, – dann gibt es wieder gar kein Problem . . .

Hänschen, eine Wespe! Wirklich, die erste junge schlanke Wespe, offenbar heute früh ausgeschlüpft, summt eben bei mir im Zimmer! Sie ist durch das offene Fenster hereingeflogen und stürzte sich dann gleich auf die geschlossene oberste Scheibe. Einen Zoll tiefer steht es breit offen, sie aber verbohrt sich in das Oberfenster und rutscht immerzu hinauf und hinab mit ärgerlichem Summen, wie wenn jemand Schuld wäre, daß sie so dumm ist. Ach, wie schön und anheimelnd klingt dieses eigensinnige dumpfe Summen! Es mahnt so an Sommer, an Hitze, an meinen offenen Balkon in Südende mit der weiten Aussicht auf wogende Felder und Baumgruppen, an Mimi, die faul in der Sonne wie ein weiches Paket zusammengewickelt liegt und nach der summenden Wespe hinaufblinzelt. Und nun habe ich Arbeit wie jeden Sommer: ich muß auf den Stuhl klettern und lange doch auch so kaum zur obersten Scheibe, um die Wespe behutsam zu fangen und sie wieder ins Freie zu befördern, sonst quält sie sich ja halbtot an dem Glas. Sie tun mir nie was, setzen sich mir im Freien sogar auf die Lippen, was sehr kitzelt; aber ich habe Angst, *ihr* wehe zu tun, wenn ich anfasse. Aber es gelingt doch schließlich und plötzlich wird es im Zimmer still. Nur in meinem Ohr und Herzen bleibt ein sonniger Nachhall klingen. Hänschen, seien Sie doch fröhlich, das Leben ist so schön! Die Wespe hat es wieder gesagt und die weiß Bescheid.

Besten Gruß für Ihren alten Herrn und die Tante.

R.

10.

Nr. 2

Wronke i. P., 16. 4. 17.

Hänschen, Ihr Nr. 1 hat mir gestern den Sonntag sehr verschönert. Heute regnet es hier in Strömen, doch bin ich früh am Morgen zwei Stunden lang im Gärtlein gewandert, – wie immer ohne Schirm, nur im alten Hut und in das Cape der Großmutter Kautsky gewickelt. Es war so schön zu sinnen und zu träumen im Gehen, während mir der Regen durch Hut und Haar aufs Gesicht und in den Nacken rann. Auch die Vöglein waren munter. Eine Kohlmeise, mit der ich besonders befreundet bin, geht oft mit mir zusammen spazieren, und das macht sie so: ich laufe immer an zwei Seiten des Gartens, entlang der Mauern, die Meise aber hüpft im Schritt mit mir daneben von Strauch zu Strauch, einmal hin und zurück. Ist das nicht nett? Wir beide scheuen auch kein Wetter und haben schon im Schneegestöber unseren täglichen Spaziergang gemacht. Heute sah das Vöglein so verweht, naß, ganz heruntergekommen aus, ich sicher ebenso, und es war uns beiden sehr wohl dabei.

Jetzt nachmittags ist es allerdings so stürmisch, daß wir uns nicht mehr hinauswagen. Die Kohlmeise sitzt auf meinem Gitter am Fenster und verdreht das Köpflein nach rechts und links, um durch die Scheibe zu mir hineinzublicken, ich aber sitze hier um Schreibtisch, freue mich über das Ticken der Uhr, die es so gemütlich im Zimmer macht, und arbeite.

Für die Ernährungsfrage ist dieses Wetter – soviel ich verstehe – ganz fatal. Die Felder können doch unmöglich jetzt für die Sommersaat bestellt werden, alles verspätet sich, die Wintersaat aber hat sicher durch den Spätfrost gelitten. Voriges Jahr um diese Zeit war der Winterweizen in Südende schon 20-25 cm hoch und das Sommerfeld war im März schon bestellt. Dazu kommen noch die Überschwemmungen. Die armen Leute »aus der Tiefe« werden's, wie immer, auszubaden haben ... Ihr alter Herr hat jetzt guten Grund zum Poltern; der Himmel scheint im englischen Sold zu stehen.

Ihre Odyssee Berlin–Stuttgart ist erschütternd, am meisten wird Ihnen wohl dabei gefehlt haben, daß Sie diesmal nicht sämtliche Tücken des Objekts auf mein sündig Haupt wälzen konnten, wie bei unseren berühmten Weihnachtsfahrten nach Stuttgart. Die Idee, für ein paar Tage im Frieden nach Nürnberg und anderen Nestern der Pfalz zu fahren, ist sehr verlockend. Ich habe von Nürnberg, wie von allen Städten, in denen ich nur zum Parteitag oder zur Versammlung war, eine ganz nebelhafte Vorstellung. Von der letzten Versammlung vor dem Kriege erinnere ich mich nur, daß auf meinem Podium ein Riesenstrauß knallroter Nelken stand, der mich sehr am Reden störte und daß, just als ich den Mund öffnen wollte, ein mir zuerst unverständlicher Anruf: »Sanitäter!« erscholl. Der Saal war nämlich derart überfüllt, daß drei Personen ohnmächtig hinausgetragen werden mußten, was auf mich stets deprimierend wirkt. Ich mußte mich anfangs gehörig zusammennehmen, ehe ich in's Feuer kam.

Während des Parteitags aber hat mich irgend jemand mal aus der Abendsitzung entführt und in einem bequemen Landauer einige Stunden durch die Stadt langsam spazieren gefahren. Es war Ende September, die Stadt im bläulichen Herbstduft, aus dem die grünbewachsene Burg am Graben und die spitzen Dächer und Kirchen ganz phantastisch-bunt, mittelalterlich ragten, und über allem lag ein dunkelroter Schein des scheidenden Tages, während sich unten in den Gäßchen und Winkeln bereits dämmerige Schatten verdichteten. Ganz wunderbar ist die Vision jener Stunde, die mir geblieben ist, zumal der Kontrast der göttlichen Ruhe und Schönheit draußen, gleichsam auf dem Hintergrund des gleichmäßigen Pferdegetrappels, nach dem zerrissenen Gewirr und der marternden Geschmacklosigkeit im Parteitagslokal. Ich weiß gar nicht mehr, wer neben mir im Wagen saß, weiß nur, daß ich auf der ganzen Fahrt kein Wort gesprochen habe und beim Aussteigen vor meinem Hotel flüchtig ein enttäuschtes Gesicht sah. Ich will unbedingt noch einmal nach Nürnberg, aber ohne Versammlung und Parteitag, dafür mit einem Band Mörike oder Goethe, aus dem Sie mir mit Ihrem tiefen Knabenbaß so oft vorlesen.

Wie schade, daß Sie mir jetzt hier nicht Shakespeare vorlesen können, so wie wir den ganzen Wallenstein durchgenommen haben. Ich habe mir meinen William herbringen lassen. (Wissen Sie noch bei Goethe:

> Einer einzigen angehören,
> Einen einzigen verehren,
> Wie vereint das Herz und Sinn!
> Lida, Glück der nächsten Nähe,
> William, Stern der höchsten Höhe,
> Euch verdank ich, was ich bin!

Lida ist natürlich die Frau von Stein.) Mein erneutes Interesse für ihn hat mir – Sie werden sich wundern – der Theaterkritiker der »Leipziger Volkszeitung« erweckt. Er schreibt äußerst geistreich und anregend. Hier z. B. seine Charakteristik einer Frauenfigur aus »Wie es Euch gefällt«:

Die Rosalinde ist eine Frau nach des Dichters Herzen. Sie ist Dame und Naturkind, sie weiß, was sich schickt und schlägt aller Schicklichkeit ein Schnippchen, sie ist nicht gelehrt und weiß die gescheitesten Dinge zu sagen, sie ist voller Übermut und voller Bescheidenheit. Sie kann das alles sein, weil sie sichere Instinkte hat und im Vertrauen auf ihre gesunden Instinkte durch die Welt tänzelt, springt und schreitet, als könnte ihr ernstlich nie eine Gefahr drohen. Es ist nicht etwa hier das einzige Mal, daß Shakespeare ein solches in sich sicheres Mädchen zeichnet: in seinen Werken trifft man mehrere der Art. Wir wissen nicht, ob er je einer Frau begegnet, die so wie Rosalinde, wie Beatrice, wie Porzia war, ob er nach Modellen arbeiten konnte oder Bilder der Sehnsucht schuf, aber das wissen wir bestimmt: Aus diesen Gestalten spricht sein Glaube an die Frau. So herrlich, ist seine Überzeugung, kann das Weib sein kraft seiner besonderen Natur. Er war – wenigstens eine Zeit seines Lebens – ein Frauenlob wie nur je ein Dichter. In der Frau sah er eine Naturkraft wirksam, der alle Kultur nichts anhaben kann: sie nimmt alles auf, was die Kultur bietet, verarbeitet es, aber läßt sich nicht in dem Wege beirren, den ihr die Natur vorschreibt.

Ist das nicht eine feine Analyse? Wenn Sie wüßten, was dieser Dr. Morgenstern im Privatverkehr für ein abgeschmackter trockener Kauz ist! Aber seinen psychologischen Scharfsinn wünsche ich mir bei dem künftigen Schöpfer des deutschen Essay ... Apropos: Sie stammen also von Justinus Kerner ab? Bei Gott, ein fürnehmer Ahnherr! Ich kenne zwar nichts von ihm, habe nur eine allgemeine Erinnerung an eherne Rhythmen, starkes Pathos, eine revolutionäre Geste. Übrigens wirkt schon der Name fabelhaft. Nicht wahr, es gibt solche für die Ewigkeit geschaffenen Namen, die wie ein olympischer Akkord klingen, ohne daß man etwas Näheres weiß. Wer kennt heute auch nur einen Vers von Sappho? Wer (außer mir) liest den Macchiavelli? Wer hat eine Oper von Cimarosa gehört? Aber jedem ist ein solcher Name wie ein Blitz der Ewigkeit, vor dem man ehrfürchtig das Haupt entblößt. Indes: noblesse oblige. Hänschen, Sie müssen was Rechtes werden, wir sind es dem Justinus Kerner schuldig.

R.

Sie erwähnen nichts von Klara? Hoffentlich sehen Sie sie mehrmals? ...

11.

Wronke, 26. 4. 17.

L. H. Gestern Nr. 2 erhalten. Schon der Poststempel gab mir einen Stich ins Herz. Für mich sollte eigentlich Posen wie Lissa ganz gleich sein, doch hatte ich mich schon an Posen gewöhnt und die Änderung ist mir zunächst sehr peinlich. Mein Nr. 2 war schon am 17. abgegangen, hoffentlich inzwischen schon in Ihrem Besitz. Ihre Kombinationen mit Luise und Hans verstehe ich gar nicht, mein Name ist Hase. Morgen kommt Frau Marta R. zu mir, ich werde sie Ihnen zu Besuch schicken, vielleicht am Sonnabend. Hoffentlich wird Ihnen das recht sein. Aber Hänschen, wenn Sie schreiben »Nr. 2 *mindestens*«, so hat die ganze Zahlenführung keinen Sinn, Sie können doch beim Absenden im kleinen Taschenkalender Ihre Nr. immer vermerken, sonst ist ja die Kontrolle unmöglich! Ich schreibe Ihnen in den nächsten Tagen ausführlich. Dies soll nur ein rascher Gruß im neuen Heim sein.

Herzl.
Ihre R.

12

Wronke i. P., 28. 4.

Nr. 3

Hänschen, Frau Marta kann leider diesmal unmöglich einen Besuch in Lissa machen, sie hat zu kurzen Urlaub, und es rächt sich doch schon, daß Ihr neuer Wohnsitz so abseits vom Wege liegt. Ich habe nämlich gleich Ihre Residenz im alten Schulatlas von Dierke festgestellt (in demselben alten Dierke, der noch mit *Ihnen* zusammen in Stuttgart aufs Karls-Gymnasium wanderte, denn ich habe ihn von Costja), da sah ich denn, daß Lissa halbwegs zwischen Posen und Breslau liegt, also in entgegengesetzter Richtung als nach Berlin. Dafür werden Sie sicher in ca. 2 Wochen Hans und Luise begrüßen: Luise hat Erlaubnis für die Zeit zwischen 10. und 15. Mai.

Daß Sie die Klara nicht besucht haben, nehme ich Ihnen ernstlich übel. Sie hätten die Zeit finden *müssen*. Verstehen Sie meine Psychologie in diesem Falle? Je mehr ich mir selbst innerlich Vorwürfe mache, daß ich jetzt nicht genügend zu ihr halte, umso mehr war es mir ein Bedürfnis, und eine Beruhigung, daß Sie besser als ich handeln und sozusagen auch schon für mich an Güte und Zartgefühl ihr gegenüber das Maß vollmachen. Und nun versagen Sie gänzlich! Ob ich ihr Ihre Anwesenheit in Stuttgart zu Ostern verraten habe, weiß ich bei Gott nicht mehr, bitte Sie aber, ihr gerade ganz offen und ehrlich zu schreiben und durch einen lieben Brief die Versäumnisse gut zu machen. Nur sich nicht feige verstellen, Hänschen, das ist Ihrer nicht würdig.

Den Wallenstein der Ricarda Huch habe ich nun fertig. Anfänglich hat sie mich sehr erfrischt und angeregt, zum Schluß aber zerrinnt das Bild völlig in Nichts. Vor lauter Details und Kleinmalerei kommt gar nichts Ganzes zustande. Da können Sie förmlich studieren, wie man einen Essay *nicht* schreiben soll und wie Sie's besser machen müssen. Ich bleibe dabei: es ist die deutsche Gründlichkeit, die es verhindert, ein mit leichten Strichen hingeworfenes Lebens- oder Zeitbild zu schaffen, das zugleich ein volles köstliches Erlebnis sein kann. Auch der Ricarda fehlt – obwohl sie eine Frau ist – die geistige Grazie, die ihr sagen mußte, daß das Ausschöpfen aller Einzelheiten auf einen feiner empfindenden Menschen ermüdend und beleidigend wirkt, während wenige künstlerisch gewählte Züge die Phantasie des Lesers anregen und von ihm selbst zu einem geschlossenen Bild abgerundet werden. Genau wie im Privatverkehr geistreicher Menschen leichte Andeutungen viel genußreicher sind als plumpe Deutlichkeit. Ich möchte Ihnen nächstens eine Komödie von Bernard Shaw schicken: »Der verlorene Vater.« Erst war ich über die schreienden Paradoxen und Absurditäten aller handelnden Personen ungeduldig, dann kommen ein paar ernste

Stellen, die man mit dem gemischten Gefühl der Erleichterung liest, endlich die wirkliche Meinung und Absicht des Verfassers zu erfahren, und zugleich einer gewissen Scheu vor der Abgeschmacktheit moralisierender Sentenzen. Bis man am Schluß entdeckt, daß diese »ernsten Stellen« erst recht Ulk waren und daß Shaw sich einfach über die ganze Welt, den Leser und auch über sich selbst lustig macht, nach dem Motto: es gibt überhaupt nichts im Leben, was wert wäre, tragisch genommen zu werden. Die Schlußszene, wo in eine ledertrockene juristische Beratung zweier Rechtsanwälte ein Maskenball hineinplatzt und die beiden im Walzer wegführt, wirkt schon Shakespeare-artig und weht einem die kichernde Koboldstimmung des »Sommernachtstraums« ins Gesicht. Ich habe bei dieser Schlußszene – einsam wie ich in meiner Bude saß und schon um Mitternacht – in Kaskaden laut gelacht, wie Sie mich kennen. Das war gerade nach einem kleinen Verzweiflungsanfall, den ich wieder hatte, und das tolle Buch hat mir sehr wohl getan.

Da ich schon bei der Literatur bin, hören Sie mal, können Sie mir nicht sagen, wo ich die folgenden paar Verse her habe:

> Sein hoher Gang, seine edle Gestalt,
> Seines Mundes Lächeln, seiner Augen Gewalt,
> Und seiner Stimme Zauberfluß,
> Sein Händedruck –

Weiter weiß ich nicht. Ich möchte schwören, das ist doch Gretchen am Spinnrad. Zugleich möchte ich schwören, daß Gretchen am Spinnrad ganz etwas anderes singt, nämlich den König von Thule. Ich habe hier nur Ihre kleine Harnack-Ausgabe von Goethe, nicht aber den Faust, und kann nicht nachprüfen. Diese paar Reime gehen mir aber schon seit Ostern im Kopf herum, daß ich bald glaube, ich habe selbst ein Spinnrad drin. Kennen Sie das, wie es einen martert, wenn man sich nicht erinnern kann, wo man einen Fetzen Gedicht oder eine Melodie her hat?

Direkt über meiner Bude ist das Schulzimmer unseres »Panoptikums«. Während ich dies schreibe, ist gerade Unterricht. Erst hörte ich das plumpe Getrappel mehrerer Füße, dann Stille, eine alte dozierende Lehrerstimme und nun das eintönige Vorlesen einer Mädchenstimme, – ganz so wie kleine Kinder lesen, in der hohen, etwas ängstlichen, halbfragenden Tonlage, ohne jede Unterbrechung. Ich kann kein Wort unterscheiden, aber gerade das gedämpfte Gemurmel wirkt so anheimelnd. Ich habe aus dieser verschleierten kleinen Szene über mir, deren entfernte Geräusche nur zu mir dringen, wieder das deutliche Gefühl, daß das Leben sehr schön ist.

R.

Der »charmante Marquis Renard«, wie Sie einmal schrieben, hat das Verdienst-kreuz für Zivildienst erhalten. Wenn es in Lissa Champagner gibt, dann trin-ken Sie einen »extra dry«.

13.

Nr. 4

Wronke, 12. 5. 17.

L. H. Nr. 5 erhalten, vielen Dank; ich warte auf Ihre Stilkorrekturen (zum Teil beruhen sie, wie ich sehe, auf Versehen des Maschinenfräuleins). Ihre Be-merkung, daß in der Antikritik einige Stellen bis zur Unkenntlichkeit ver-stümmelt sind, veranlaßt mich doch, die Sache nochmals selbst zu revidieren. Ich bin sonst nie im Stande, das einmal Geschriebene noch durchzulesen, und je stärker ich's beim Schreiben erlebe, umso mehr ist es für mich nachher erledigt und abgetan. Ich weiß wohl, Hänschen, daß ich meine ökonomischen Sachen für sechs Personen schreibe. Aber ich schreibe sie ja eigentlich nur für eine Person: für mich selbst. Die Zeit, als ich die »Akkumulation« schrieb, ge-hört zu den glücklichsten meines Lebens. Ich lebte wirklich wie im Rausch, sah und hörte Tag und Nacht nichts, als dieses eine Problem, das sich so schön vor mir entfaltete und ich weiß nicht zu sagen, was mir höhere Freude ge-währte: der Prozeß des Denkens, wenn ich eine verwickelte Frage im langsamen Hinundherwandeln durch das Zimmer wälzte, aufmerksam beobachtet von der Mimi, die auf dem Tisch mit der roten Plüschdecke mit untergeschlagenen Pfötlein lag und das kluge Köpfchen nach mir hin und her wandte, oder das Gestalten, das literarische Formen mit der Feder in der Hand. Wissen Sie, daß ich damals die ganzen 30 Druckbogen in einem Zug in 4 Monaten – unerhörte Sache! – niedergeschrieben habe und ohne das Brouillon auch nur einmal durch-zulesen direkt in Druck gab? Ähnlich ging es mir in der Barnimstr. mit der »Antikritik«. Und dann verliere ich nach einer so stark erlebten Arbeit so jedes Interesse für sie, daß ich mich seitdem kaum um einen Verleger bemüht habe. Freilich war das bei meinen »Umständen« in den letzten eineinhalb Jahren etwas schwierig. – Eckstein überschätzen Sie ganz entschieden. Seine »Kritik« war nichts als Rache für lange vergebliche und schroff von mir zu-rückgewiesene Anfreundungsversuche und gerade dieses Übertragen des »All-zumenschlichen« in die hochalpine Region der reinen Wissenschaft hat mich mit solcher Verachtung für ihn erfüllt. Er konnte übrigens auch recht nett und witzig sein. Einmal bei Kautskys, als ich verzweifelte Versuche im Vorzimmer machte, um mein Jäckchen vom Kleiderständer herunterzulangen und meine

83

Liliputgestalt verwünschte, hielt er mir das Jäckchen galant hin und murmelte lächelnd das Wolfsche Lied: »Auch kleine Dinge können uns entzücken ...« (Sie wissen wohl, daß Hugo Wolf in Wien mit dem Ecksteinschen Haus liiert war und dort Hausgott ist). – Ihre Idee, daß ich ein Buch über Tolstoi schreibe, sagt mir nicht ein bißchen zu. Für wen? wozu Hänschen? Alle Leute können doch Tolstois Bücher lesen, und wem die Bücher nicht selbst den starken Lebensodem geben, dem werde ich es auch nicht durch Kommentare beibringen. Kann man jemand »erklären«, was Mozartsche Musik ist? Kann man »erklären«, worin der Zauber des Lebens besteht, wenn es jemand nicht selbst aus den kleinsten und alltäglichen Dingen heraushört oder richtiger: in sich selbst trägt? Ich halte auch z. B. die ganze riesige Goethe-Literatur (d. h. die Literatur *über* Goethe) für Makulatur und bin der Meinung, daß schon viel zu viel Bücher geschrieben sind; vor lauter Literatur vergessen die Menschen auf die schöne Welt zu schauen.

Seit dem 1. haben wir also eine Serie von sonnigen Tagen und mich grüßt schon beim Erwachen der erste Morgenstrahl, da meine Fenster hier nach dem Osten liegen. In Südende, wo meine Wohnung, wie Sie wissen wie eine Laterne von allen Seiten der Sonne offen steht, gestalten sich solche Morgenstunden sehr schön. Nach dem Frühstück nahm ich gewöhnlich das schwere Kristallprisma mit den unzähligen Ecken und Kanten, das auf meinem Schreibtisch als Briefbeschwerer liegt, und stellte es in die Sonne, deren Strahlen dann sofort in hundert kleinen Regenbogenspritzern über Decke und Wände zerstoben. Mimi schaute dem Spiel begeistert zu, besonders wenn ich das Prisma bewegte und die bunten Flecke hin und her huschen und tanzen ließ. Anfangs lief und sprang sie hoch, um danach zu haschen, bald hatte sie jedoch heraus, daß sie »nichts«, bloße Augentäuschung seien und verfolgte den Tanz mit lustigen Äuglein, ohne sich zu rühren. Reizende Effekte erzielten wir damit, wenn so ein kleiner Regenbogen auf eine weiße Hyazinthe auf dem Blumentisch fiel oder auf den Marmorkopf über dem Schreibtisch oder auf die große Bronce-Uhr vor dem Spiegel. Das sauber aufgeräumte, sonnenerfüllte Zimmer mit der hellen Tapete atmete soviel Ruhe und Behagen, durch die offene Balkontür drang nur das Schilpen der Spatzen ein, das Surren der Elektrischen, die von Zeit zu Zeit vorbeiglitt, oder das helle metallische Klopfen der Arbeiter, die irgendwo an den Schienen flickten. Dann nahm ich den Hut und ging ins Feld besehen, was über Nacht gewachsen war, und für Mimi frisches, saftiges Gras holen. Hier gehe ich auch gleich nach dem Frühstück ins Gärtlein und habe eine herrliche Beschäftigung: meine »Pflanzung« vor dem Fenster begießen. Ich habe mir ein kleines hübsches Gießkännlein besorgen lassen und muß mit ihm wohl ein Dutzend mal zum Wasserzober laufen, bis die Rabatte genug feucht ist. Die Wasserspritzer funkeln in der Morgensonne und die Tropfen zittern noch lange auf den rosa und blauen Hyazinthen, die schon halb erschlossen sind. Warum bin ich dennoch traurig? Ich glaube fast, ich habe die Sonne am Himmel und ihre Macht überschätzt, sie mag noch so strahlen, sie erwärmt mich manchmal gar nicht, wenn mein eigenes Herz ihr keine Wärme leiht.

R.

14.

Nr. 5.

Wronke, 14. 5. 17.

L. H. Diesmal nur ein paar kurze Zeilen. Sie treffen bei Ihnen vielleicht gleichzeitig mit dem Besuch Luises und Igels ein. Bitte: sprechen Sie mit ihnen über die Antikritik gar nicht; ich habe ihnen gegenüber nämlich noch bis jetzt nie von dieser Arbeit etwas erwähnt, und es würde mir einige Verlegenheit bereiten, wenn sie davon von dritten erfahren. Hingegen werde ich natürlich, sobald die Sache gedruckt vorliegt, Luise ein Exemplar dedizieren und sie wird es vielleicht auch lesen können.

Hänschen, seien Sie gut zu Luise, geben Sie ihr die Wärme und Freude, die ich ihr leider nicht geben konnte. Ach, nicht durch meine Schuld – es ging nicht. Ich konnte kaum die Worte herausbringen, um mit ihr zu sprechen. Mein Herz, das schon seit Tagen friert und zittert, wie ein junger Hund, wurde noch zaghafter und scheuer. Es tut mir so sehr weh um Luise, sie wird sicher glauben, sie wäre mir auf die Nerven gefallen, aber das ist *ganz* falsch, reden Sie ihr das aus. Mir war heut Abend so jämmerlich zu Mute, wie ich nicht sagen kann. Zum Trost blätterte ich ein wenig im Westöstlichen Divan. Ich liebe ihn so sehr, nicht nur wegen der unvergänglichen Glut, die aus ihm strahlt, sondern auch wegen der Suleika-Marianne, die mir die einzige sympathische Frauengestalt Goethes ist. Ich finde ihre eigenen Lieder wirklich den Goetheschen ebenbürtig an Innigkeit und Einfachheit. Wie hübsch trägt sie's z. B. ihrem Flügelboten auf. »Sag ihm, aber sag's bescheiden, Seine Liebe sei mein Leben, Frohe Sicherheit von beiden, Kann nur seine Nähe geben.« Leider sind in der Harnackschen Ausgabe ihre Lieder nur zum Teil aufgenommen.

Von ernster Lektüre lese ich zum xten Male die »Lessing-Legende«. Kennen Sie die? Sie gibt so mannigfache Anregung und Erfrischung.

Für heute nichts mehr.   Herzliche Grüße   R.

Nr. 6.

Hänschen, guten Tag! Hier bin ich wieder. Es scheint mir eine Ewigkeit, seit ich Ihnen schrieb und seit ich Ihre Nr. 7 erhielt (aber die 6 haben Sie unterschlagen!) Frl. Mathilde hat Ihnen doch inzwischen berichtet, wie sehr mein Schweigen mir contre coeur war. Nun will ich wieder fleißig sein, erwarte aber auch von Ihnen, daß Sie christlich handeln und die Steine meines Schweigens mit der nahrhaften Manna häufiger Briefe vergelten.

Ach, ach, was habe ich alles inzwischen erlebt! Eine ganze Generation von Blüten hat sich unter meiner sorgsamen Aufsicht dem Leben entschlossen und ist dem Tode verfallen, – von der ersten Knospe des Flieders bis zu den betäubend schwül duftenden, matt herabhängenden Trauben der Akazie, die nun den Boden ringsherum mit dem sanften Schneefall ihrer zerflatternden Blüten bedecken. Eilig bilden und runden sich an allen Sträuchern schwellende Früchte, grüne Beeren, die sich täglich üppiger mit Saft füllen und strotzen, um bald rot oder blau und schwarz zu werden.

Eine ganze Generation von Vögeln ist aufgekommen, deren Geburt ich in dem diskreten Verstummen des Vogelchors erriet, deren Wachstum ich dann in dem zarten Piepsen aus den versteckten Nestern in allen Winkeln meines Gärtleins belauschte, und die nun – o Freude! – zusammen mit Eltern auf mein Fenster kommen, um hier vor meinen Augen gefüttert zu werden.

Da kommt vor allem täglich mehrmals eine Familie Buchfink. Die Mutter, die ich schon von ihren Brauttagen her genau kenne, bringt mir jetzt immer ein Töchterlein aufs Fenster mit. »Unser Liebling«, der viel größer und dicker ist als Mama, sitzt aufgeplustert da, reißt nur von Zeit zu Zeit den ungeheuren Schnabel mit heiserem Kreischen auf, wackelt dabei mit dem kahlen Kopf wie ein Epileptiker und läßt sich von der abgemagerten, verhärmten und struppigen Mama vollstopfen, ganze Ladungen meiner Haferflocken wandern so in den Schlund des »Lieblings«, kaum daß die Alte irgendein Körnlein selbst herunterschluckt. Dabei kann der Balg schon ganz gut fliegen und selbst picken, was er auch hie und da zu tun geruht. Ich, die ich die Szene jedesmal hinter der Gardine beobachte, habe manchmal nicht übel Lust dreinzufahren und diesem unverschämten Balg eine Ohrfeige zu geben. Ich erinnere mich aber rechtzeitig, daß Mama Buchfink sicher in ihrer Jugend sich genau so von der Großmutter hat durchschleppen lassen und daß »Liebling« schon im nächsten Juni genau so abgehärmt wird seine eigenen Bälger stopfen, die Rechnung gleicht sich also irgendwie ohne meine Intervention schon aus (wie denn bei

meinen Interventionen für gewöhnlich irgendeine Dummheit herauszukommen pflegt, so wenn ich irgendeine halbkrepierte Kreatur mit großer Mühe errette, damit sie sich noch länger nutzlos abquält). Ich erinnere mich endlich auch, daß in meiner Familie eigentlich genau so als unverbrüchliches Naturgesetz galt, daß die Mutter ausschließlich dazu auf der Welt sei, um unsere ewig aufgerissenen Schnäbel (den des pater familias vor allem!) nach jeglicher Richtung und Dimension zu stopfen. Dann bleibe ich bescheiden hinter der Gardine...
Noch ein Monat, dann wird Madame Buchfink mit Lieblingen nach dem Süden wandern, Vater aber womöglich hier bleiben. Er heißt deshalb Fringilla *coelebs* – der Hagestolz; nicht jeder kann es sich leisten, en toute famille Reisen nach dem Süden zu machen; Vater bleibt also oft im nebligen Norden und schickt bloß Weib und Kind nach Afrika. Oder aber er kommt viel später, im besonderen »Männerzug« nach und kehrt eher im Frühjahr zurück, um in der Gegend Umschau zu halten und für den nachrückenden »Weiberzug« das Heim vorzubereiten.
Was habe ich gestern für eine Aufregung erlebt, – ach, ach! In meinem Korridor fing sich eine dicke Hummel (graues Pelzröcklein, goldener Gürtel!), verrannte sich an das geschlossene Oberfenster und begann die Scheibe auf und ab zu stürmen, wobei sie in höchster Entrüstung und in tiefstem Baß brummte. Ich schleppte natürlich gleich einen Stuhl herbei und packte sie im Eifer mit der bloßen Hand, worauf sie mich sofort stach, daß ich laut aufschreien mußte. Dann holte ich ein Taschentuch, fing sie nach großem Kampf und rannte mit ihr den Korridor entlang zur Gartentür, um sie ins Freie zu lassen. Da hätten Sie aber hören sollen, wie das Tierlein im Taschentuch schrie! Plötzlich hatte sich der tiefe Baß in das dünnste Fistelstimmchen gewandelt, es war förmlich das klägliche Weinen eines Kindes, das in höchster Angst vergeht; sie dachte, es ginge ihr an das bißchen Leben, die Ärmste, und sie weinte! Mir ging dieses dünne Stimmchen so auf die Nerven, daß mir die Hände zitterten und ich sie noch 2 Mal losließ, worauf sie natürlich jedesmal sofort an die fatale Scheibe zurückrannte. Endlich beim dritten Mal nahm ich meinen ganzen Charakter zusammen und trug sie bis zum Garten hinaus, – hui, wie sie da in die Höhe schoß! und gleich wieder im Baß brummte, – adieu! ...
So, das wären meine aufregenden Erlebnisse in dieser Zeit. Haben Euer Liebden über ebenso harmlose zu berichten? ... Hören Sie mal, den Geheimbderat von Goethe habe ich aber auf einer Geschichtsfälschung ertappt. Sie wissen doch – in »Anakreons Grab« (ach, ich starb jedesmal vor Wonne, wenn Faißt mir das Lied vorsang!) geht es doch zum Schluß ungefähr so:
> Frühling, Sommer und Herbst genoß der glückliche Dichter,
> vor dem Winter hat endlich ihn dieser Hügel bewahrt.

Danach könnte man annehmen, Anakreon sei etwa im 50. Lebensjahr, in voller Manneskraft gestorben. Nun habe ich neulich Anakreons Lieder gelesen und da beschreibt er sich selbst als ganz alten Weinschlauch und Schürzenjäger, der seiner Doris, Phyllis oder Chloë immer wieder einreden will, daß seine »weißen Locken« zu ihren rosigen Wangen so trefflich paßten, »wie die weiße Lohe zur Rose im Kranz«. Seine Gedichte sind eigentlich nur ewige Variationen dieses einen Themas. Einige verstand ich nicht recht, so z. B. dieses:

> »Du loser Schelm! Dein Possenspiel
> Hab ich durchschaut nun. Doch nimm Dich in Acht,
> Daß Köcher, Bogen, Pfeil und Ziel,
> So zwischen Mutwill, Ernst und Scherz,
> Nicht derart Du verwirrst, daß, wenn ein Kobold lacht,
> Im Spiel Du aus Versehn mein zuckend Herz
> Durchbohrst und es verblutet. Treibe
> Indeß was Dir gefällt. Ich liebe Dich, ich bleibe Dein.«

Weiß der Himmel, was das bedeutet und wer an wen das spricht. Nun, Hanneselein, ich erwarte jetzt ein umfassendes Geständnis über alles, was man ohne mich getrieben hat.

Herzl. R.

Ich bin in großer Sorge, wie Sie diese kannibalische Hitze ertragen.

16.

Nr. 7.

Wronke, 23. 6. 17.

Hänschen, guten Tag, hier bin ich wieder. Ich fühle mich heute so einsam und muß mich durch Plaudern mit Ihnen ein wenig erfrischen. – Heute Nachmittag lag ich auf dem Sopha der ärztlich vorgeschriebenen Siesta ob, las Zeitungen und beschloß, da es halb drei war, daß es Zeit sei, aufzustehen. Einen Augenblick darauf schlief ich unversehens ein und hatte einen wunderschönen Traum, der sehr lebhaft, aber von unbestimmtem Inhalt war; ich weiß nur, daß irgend jemand lieber bei mir war, daß ich ihn mit dem Finger auf die Lippen berührte und frug: »Wessen Mund ist das?« Der Betreffende antwortete: »Meiner.« – »Ach nein, rief ich lachend, dieser Mund gehört doch *mir!*« Ich erwachte vor Lachen über diesen Unsinn, blickte auf die Uhr: es war immer noch halb drei, mein langer Traum hatte also offenbar eine Sekunde gedauert, ließ mir aber das Gefühl eines köstlichen Erlebnisses zurück, und ich ging getröstet wieder in den Garten. Hier sollte ich bald noch etwas Schönes erleben: ein Rotkehlchen setzte sich auf die Mauer gerade hinter mir und sang mir ein bißchen vor. Im allgemeinen sind die Vögel jetzt ganz von Familiensorgen in Anspruch genommen, nur hie und da läßt sich einer kurz hören. So heute plötzlich das Rotkehlchen, das mich nur Anfangs Mai ein paar Mal besucht hat. Ich weiß nicht, ob Sie dieses Vöglein und seinen Gesang näher kennen, ich habe es – wie so vieles anderes – erst hier genau kennengelernt und liebe es unvergleichlich mehr als die vielgerühmte Nachtigall. Der schallende Vortrag der Nachtigall ist mir zu sehr primadonnenhaft, mahnt zu sehr an Publikum, rauschende Triumphe, entzückte Lobeshymnen. Das Rotkehlchen hat ein ganz kleines zartes Stimmchen und es trägt eine eigenartige intime Melodie vor, die wie ein Auftakt, wie ein Stückchen Reveille klingt, wissen Sie den erlösenden fernen Trompetenschall in der Kerkerszene im »Fidelio«, der gleichsam die Dunkelheit der Nacht zerteilt? So ungefähr klingt das Lied des Rotkehlchens, aber vorgetragen im leisen tremolierenden Ton von unendlicher Süßigkeit, daß es ganz verschleiert, wie eine traumverlorene Erinnerung wirkt. Mir zappelt förmlich das Herz vor Wonne und Weh, wenn ich dieses Lied höre, und sofort sehe ich mein Leben und die Welt in neuer Beleuchtung, wie wenn sich Wolken verteilten und ein heller Sonnenstrahl auf die Erde fiele. Es wurde mir heute von diesem kleinen zarten Lied auf der Mauer, das wohl nicht länger als eine halbe Minute gedauert hat, so weich, so mild in der Brust. Ich bereute sofort alles Böse, was ich je einem Menschen zugefügt habe, und alle schroffen Gedanken und Gefühle und ich beschloß wieder einmal, gut zu sein, einfach gut um jeden Preis: das ist besser als »Recht haben« und über jede kleine Kränkung Buch führen. Und dann beschloß ich, Ihnen gleich heute zu schreiben, obwohl auf meinem Tisch seit gestern ein Täfelchen mit 7 Lebensregeln steht, die mich fortan leiten sollen und deren erste lautet: »keine Briefe schreiben.« Sehen Sie, so halte ich meine eigenen »ehernen« Lebensregeln ein, so schwach bin ich! Wenn, wie Sie in Ihrem letzten Brief schrieben, dem starken Geschlecht die Frauen am meisten gefallen, wenn sie sich schwach zeigen, dann müßten Sie jetzt von mir entzückt sein: ich bin hier ach! so schwach, mehr als mir lieb ist. Übrigens redete da Ihr Kindermund wahrer als er ahnte, und das habe ich neulich auf die drolligste Weise erlebt. Sie haben doch wohl auf dem Kopenhagener Kongreß Camille Huysmans gesehen, den großen Jungen mit den dunklen Locken und dem typischen Vlamengesicht? Er ist ja jetzt der Hauptmacher der Stockholmer Konferenz. Zehn Jahre lang gehörten wir beide dem Internationalen Bureau an und zehn Jahre lang haßten wir einander, sofern mein »Taubenherz« (der Ausdruck stammt von – Heinrich Schulz, M. d. R.!! ..) eines solchen Gefühls überhaupt fähig ist. Weshalb – ist schwer zu sagen. Ich glaube, er kann politisch tätige Frauen nicht leiden, mir fiel wohl sein impertinentes Gesicht auf die Nerven. Es fügte sich nun bei der letzten Sitzung in Brüssel, die angesichts des bevorstehenden Krieges Ende Juli 1914 stattfand, daß wir zum Schluß einige Stunden zusammen waren. Ich saß gerade – es war in einem eleganten Restaurant – bei einem Strauß Gladiolen, die auf dem Tische standen und in deren Anblick ich mich ganz vertiefte, ohne mich an dem politischen Gespräch zu beteiligen. Dann kam die Rede auf meine Abreise, wobei meine Hilflosigkeit in »irdischen Dingen« zum Vorschein kam, mein ewiges Bedürfnis nach einem Vormund, der mir das Billet besorgt, mich in den richtigen Zug steckt, meine verlorenen Handtaschen einsammelt – kurz meine ganze blamable Schwäche, die Ihnen schon so viel frohe Augenblicke bereitet hat. Huysmans beobachtete mich schweigend die ganze Zeit und der zehnjährige Haß wandelte sich in einer Stunde in glühende Freundschaft. Es war zum Lachen. Er hatte mich endlich schwach gesehen und war in seinem Element. Nun nahm er sofort meine Schicksale in seine Hand, schleppte mich zusammen mit Anseele, dem reizenden kleinen Wallonen, zu sich zu einem Souper, brachte mir eine kleine Katze, spielte und sang mir Mozart und Schubert vor. Er besitzt ein gutes Klavier und einen hübschen Tenor, und es war ihm eine neue Offenbarung, daß mir die musikalische Kultur Lebensluft ist. Besonders nett trug er die Schubertschen »Grenzen der Menschheit« vor; den Schlußvers »Und mit uns spielen Wolken und Winde« sang er ein paarmal in seiner drolligen vlämischen Aussprache – mit dem tiefen L in der Kehle, etwa wie »Wouken« – in tiefer Ergriffenheit vor. Dann brachte er mich natürlich zum Zug, trug selbst meinen Koffer, saß dann noch im Coupé mit mir und beschloß plötzlich: Mais il est impossible de vous laisser voyager seule! [1] Als ob ich wirklich ein Säugling wäre. Kaum habe ich ihm ausgeredet, daß er mich nicht wenigstens bis zur deutschen Grenze begleite, er sprang hinaus, erst als der Zug in Bewegung war, und rief noch: Au revoir à Paris! [2] Wir sollten nämlich in zwei Wochen einen Kongreß in Paris abhalten. Das war am 31. Juli. Als aber mein Zug in Berlin anlangte, war hier die Mobilisation schon im vollen Gange, und zwei Tage später war das geliebte Belgien des armen Huysmans besetzt. »Und mit uns spielen Wolken und Winde«, mußte ich mir wiederholen [3] . . .

---

1 Aber es ist unmöglich, Sie allein reisen zu lassen. B. K.
2 Auf Wiedersehen in Paris! B. K.
3 Nachdem Huysmans richtiggestellt hat, daß er keinen Tenor, sondern einen tiefen Baß besitzt, fügt er seinem erwähnten Brief an den Herausgeber vom 11. März 1949 (s. Vorwort) folgende Schilderung an:

. . . Rosa semblait fort fatiguée à la réunion du B. I. S. Elle avait souvent des doutes sur mon orthodoxie, et elle n'aimait pas les positions que j'ai prises souvent. Malgré ces différends, je l'ai invitée chez moi et je lui ai donné un petit concert Schubertien. Elle s'est beaucoup amusée, et m'a fait faire la connaissance des lieds de Wolf, qu'elle affectionnait particulièrement. Depuis lors, réconciliation complète. Je l'ai conduite à la gare, pour lui épargner des difficultés. Elle a pris le dernier train pour l'Allemagne.

Übersetzung.

. . . Rosa machte bei der Zusammenkunft des B. I. S. einen sehr ermüdeten Eindruck. Sie war oft kritisch gegenüber meiner Orthodoxie und war häufig mit meiner Stellungnahme un-

In zwei Wochen ist ein volles Jahr meiner Haft um, oder – wenn man von der kurzen Zwischenpause absieht – sind zwei volle Jahre um. Ach, wie täte mir jetzt ein Stündchen harmloses Plaudern wohl! Bei den Sprechstunden bespricht man natürlich nur hastig das Geschäftliche, und ich sitze meist wie auf Kohlen. Und sonst sehe und höre ich keine Menschenseele.

Jetzt ist 9 Uhr Abends, aber natürlich taghell. So still ist es hier um mich, nur das Ticken der Uhr zu hören und aus der Ferne gedämpftes Bellen eines Hundes. Wie das merkwürdig anheimelnd wirkt, wenn man auf dem Lande Abends fernes Hundegebell hört, nicht wahr? Gleich stelle ich mir ein gemütliches Bauernhaus vor, einen Mann in Hemdärmeln, der auf der Schwelle steht und mit einer alten Nachbarsfrau plaudert, seine Pfeife im Munde; aus dem Innern helle Kinderstimmen und Geschirrgeklapper und draußen der Geruch reifen Getreides und das erste zaghafte Quaken der Frösche...

Adieu, Hänschen.
R.

17.

Nr. 8.

Wronke, 29. 6. 17.

Guten Tag, Hänschen! Also schön, Ihnen zuliebe soll die erste der 7 Lebensregeln gestrichen werden. Die andern 6 sind aber sehr vernünftig und werden sicher Ihren Beifall finden. Daß Gerlach [1] mich nur gegen einen Feldmarschall in Tausch geben will, ist rührend. Sein Brief wirkt übrigens sehr gut; er scheint im Kriege innerlich gewachsen zu sein und ich werde mich freuen, wenn ich ihn wieder in unserem »Schwaben«-Kreise sehe. Wann wird das sein...?

Jeden Abend, wenn ich an meinem vergitterten Fenster sitze, die Beine auf einem zweiten Stuhl gestreckt, um die frische Luft einzuatmen und zu träumen, beginnt irgendwo in der Nachbarschaft ein fleißiges gedämpftes Teppichklopfen oder etwas derartiges. Ich habe keine Ahnung, wer und wo diese Verrichtung tut, habe aber schon durch die regelmäßige Wiederkehr jener

---

zufrieden. Trotz dieser Meinungsverschiedenheiten habe ich sie zu mir eingeladen und gab ihr ein kleines Schubertkonzert. Sie hatte große Freude daran und machte mich mit *Wolf*-Liedern bekannt, welche sie ganz besonders liebte. Seit damals – völlige Versöhnung. Ich habe sie zum Bahnhof begleitet, um ihr Schwierigkeiten zu ersparen. Sie fuhr im letzten Zug nach Deutschland.

1 Jetzt (1949 B. K.) Arzt in Stuttgart.

Laute eine unbestimmt intime Beziehung zu ihnen gewonnen. Sie wecken in mir irgendwelche vagen Vorstellungen von tüchtigem häuslichem Schaffen, von einer kleinen Wirtschaft, in der alles blitzblank und sauber ist – vielleicht ist es eine unserer Beamten, die nur spät am Abend nach des Tages Dienst Zeit findet, ihr winziges Hauswesen zu besorgen, – eine einsame alte Jungfer oder Witwe, wie die meisten Gefängnisbeamten sind, die ihre karge Muße dazu verwendet, ewig ihre paar Stuben, die doch niemand betritt und von denen sie selbst nur selten Gebrauch macht, in peinliche Ordnung zu bringen. Ich weiß eben nichts, aber die paar Klopftöne wehen mir jedesmal das Gefühl der geordneten, festabgezirkelten Ruhe an und zugleich ein wenig Beklemmung von der Enge und Hoffnungslosigkeit eines ärmlichen Daseins, – »Vertikow«, vergilbte Photographien, künstliche Blumen, ein hartgepolstertes Sopha...

Kennen Sie auch diese besondere Wirkung von Tönen, deren Herkunft uns unbekannt ist? Ich habe das in jedem Gefängnis erprobt. Zum Beispiel in Zwickau weckten mich jede Nacht punkt zwei Uhr Enten, die irgendwo in der Nachbarschaft auf dem Teich wohnten, mit einem lauten »Quà-qua-qua-qua!« Die erste der vier Silben wurde in hoher Tonlage mit der stärksten Betonung und Überzeugung geschrien, worauf es skandierend zum tiefen Baßgemurmel herunterging. Beim Erwachen durch diesen Schrei mußte ich mich immer in der stockfinstern Dunkelheit auf der steinharten Matratze erst nach einigen Sekunden zurecht finden und besinnen, wo ich war. Das stets leicht bedrükkende Gefühl, in der Gefängniszelle zu sein, die besondere Betonung des »Quà-qua...« und daß ich keine Ahnung hatte, wo die Enten sich befanden, sie nur in der Nacht hörte, gab ihrem Schrei etwas Geheimnisvolles, Bedeutsames. Er tönte mir stets wie irgend ein weltweiser Ausspruch, der durch die regelmäßige Wiederholung jede Nacht etwas Unwiderrufliches, seit Anbeginn der Welt Geltendes hatte, wie irgend eine koptische Lebensregel:

»Und auf den Höhen der indischen Lüfte,

»Und in den Tiefen ägyptischer Grüfte,

»Hab ich das heilige Wort nur gehört...«

Daß ich den Sinn dieser Enten-Weisheit nicht entziffern konnte, nur eine vage Ahnung davon hatte, rief mir im Herzen jedesmal eine seltsame Beunruhigung hervor, und ich pflegte darauf noch lange in bangem Gefühl wach zu liegen.

Ganz anders in der Barnimstraße. Um 9 Uhr legte ich mich immer – da das Licht ausging – nolens volens ins Bett, konnte aber natürlich nicht einschlafen. Kurz nach 9 begann regelmäßig in der nächtlichen Stille in irgendeiner der benachbarten Mietskasernen das Weinen eines zwei- bis dreijährigen Bübchens. Es hub an stets durch ein paar leise, abgerissene Wimmerlaute, frisch aus dem Schlaf; dann, nach einigen Pausen, schluchzte sich das kleine Kerlchen allmählich in ein richtiges klägliches Weinen hinein, das jedoch nichts Heftiges hatte, keinen bestimmten Schmerz oder bestimmtes Begehren ausdrückte, nur allgemeine Unbehaglichkeit vom Dasein, Unfähigkeit, mit den Schwierigkeiten des Lebens und seinen Problemen fertig zu werden, zumal Mama offenbar nicht bei der Hand war. Dieses hilflose Weinen dauerte geschlagene dreiviertel Stunden. Punkt um 10 hörte ich die Tür energisch aufgehen, leichte rasche Schritte, die in der kleinen Stube laut hallten, und eine klangvolle, jugendliche Frauenstimme, der man noch die Frische der Straßenluft anhörte: »Warum schläfst Du denn nicht? Warum schläfst Du denn nicht?« Worauf jedesmal drei saftige Klapse folgten, aus denen man förmlich die appetitliche Rundung und die Bettwärme des betroffenen kleinen Körperteils herausfühlte. Und – o Wunder! – die drei Klapse lösten plötzlich alle Schwierigkeiten und verwickelten Probleme des Daseins spielend. Das Wimmern hörte auf, das Bübchen schlief augenblicklich ein und eine erlösende Stille herrschte wieder im Hof. Diese Szene wiederholte sich so regelmäßig jeden Abend, daß sie zu meinem eigenen Dasein gehörte. Ich pflegte schon um 9 Uhr mit gespannten Nerven auf das Erwachen und Wimmern meines kleinen unbekannten Nachbars zu warten, dessen alle Register ich im voraus kannte und verfolgte, wobei sich das Gefühl der Ratlosigkeit dem Leben gegenüber mir vollauf mitteilte. Dann wartete ich auf die Heimkehr der jungen Frau, auf ihre wohltönende Frage und namentlich auf die befreienden drei Klapse. Glauben Sie mir, Hänschen, dies altväterische Mittel, Daseinsprobleme zu lösen, bewirkte durch den Podex des kleinen Bübchens auch in meiner Seele Wunder: meine Nerven entspannten sich sofort mit den seinen und ich schlief jedesmal fast gleichzeitig mit dem Kleinen ein. Nie habe ich erfahren, aus welchem geraniengeschmückten Fenster, aus welchem Dachstübchen sich diese Fäden zu mir spannten. Im grellen Tageslicht sahen alle Häuser, die ich überblicken konnte, gleich grau, nüchtern und streng-verschlossen aus, mit der Miene: »Wir wissen von nichts.« Erst im nächtlichen Dunkel, durch den linden Hauch der Sommerluft spannen sich geheimnisvolle Beziehungen zwischen Menschen, die sich nie kannten oder sahen.

Ach, welche schöne Erinnerung habe ich vom Alexanderplatz! Wissen Sie, Hänschen, was Alexanderplatz ist? Der anderthalbmonatliche Aufenthalt dort hat auf meinem Kopf graue Haare und in meinen Nerven Risse zurückgelassen, die ich nie verwinden werde. Und doch habe ich von dort eine kleine Erinnerung, die wie eine Blume in meinem Gedächtnis aufblickt. Dort begann die Nacht – es war Spätherbst, Oktober, und gar keine Beleuchtung in der Zelle – schon um 5-6 Uhr. Es blieb mir in der 11 cbm großen Zelle nichts übrig, als mich auf der Pritsche hinzustrecken, eingeklemmt zwischen unbeschreiblichen Möbelstücken, und in die Höllenmusik der fortwährend vorbeidonnernden Stadtbahnzüge, von denen die Zelle erbebte und auf den klirrenden Fensterscheiben rote Lichtreflexe aufblitzten, meinen Mörike halblaut zu deklamieren. Von 10 Uhr ab pflegte sich das diabolische Konzert der Stadtbahn etwas zu besänftigen und bald darauf wurde von der Straße her die folgende kleine Episode hörbar. Erst eine dumpfe männliche Stimme, die etwas Rufendes und Ermahnendes hatte, dann als Antwort der Gesang eines etwa 8jährigen Mädchens, das offenbar im Springen und Hüpfen ein Kinderliedchen vortrug und zugleich ein silbernes glockenreines Lachen erschallen ließ. Das mochte irgend ein müder, mürrischer Portier sein, der sein Töchterchen zum Schlafengehen nach Hause rief. Der kleine Schelm aber wollte nicht folgen, ließ sich von dem bärtigen Brummbaß von Vater haschen, gaukelte in der Straße herum wie ein Schmetterling und neckte den verstellt Strengen mit einem lustigen Kinderreim. Man sah förmlich die kurzen Röckchen flattern und die dünnen Beinchen in Tanzstellung fliegen. In diesem hüpfenden Rhythmus des Kinderlieds, in dem perlenden Lachen lag soviel sorglose siegreiche Lebenslust, daß der ganze finstere schimmlige Bau des Polizeipräsidiums wie von einem silbernen Nebelmantel eingehüllt wurde und in meiner überriechenden Zelle es plötzlich in der Luft wie von fallenden dunkelroten Rosen duftete ... So liest man sich überall von der Straße ein bißchen Glück auf und wird immer wieder daran gemahnt, daß das Leben schön und reich ist. Hänschen, Sie haben keine Ahnung, wie blau der Himmel heute war! Oder war er ebenso blau in Lissa? Ich gehe gewöhnlich vor »Einschluß« Abends noch für ein halbes Stündchen hinaus, um mein kleines Blumenbeet (selbstgesetzte Stiefmütterchen, Vergißmeinnicht und Flox!) mit einem kleinen eigenen Kännchen zu begießen und mich noch ein bißchen im Garten zu ergehen. Diese vorabendliche Stunde hat einen eigenen Zauber. Die Sonne war noch heiß, aber man läßt sich gern ihre schrägen Strahlen auf Nacken und Wangen wie einen Kuß brennen. Ein leiser Lufthauch bewegte die Sträucher wie ein lispelndes Versprechen, daß die abendliche Kühle bald kommt, den heißen Tag abzulösen. Am Himmel, der von flimmernder, zitternder Bläue war, standen ein paar blendend-weiße, hochaufgetürmte Wolkengebilde; ein ganz blasser Halbmond schwamm zwischen ihnen schemenhaft wie im Traume hindurch. Die Schwalben begannen schon ihren allabendlichen Gesellschaftsflug, schnitten mit spitzen Flügelchen die blaue Seide des Raumes in Fetzen, schossen hin und her und überschlugen sich mit schrillem Zirren in schwindelnder Höhe. Ich stand mit meinem tropfenden Gießkännchen in der Hand und mit gehobenem Kopf und hatte eine unbändige Sehnsucht, in die feuchte, schimmernde Bläue droben zu tauchen, drin zu baden, zu plätschern, mich drin ganz in Schaum aufzulösen und zu verschwinden. Mörike kam mir in den Sinn, – wissen Sie:

O Fluß, mein Fluß im Morgenstrahl!
Empfange nun, empfange

den sehnsuchtsvollen Leib einmal
Und küsse Brust und Wange! – –
Der Himmel blau und kinderrein,
Worin die Wellen singen,
Der Himmel ist die Seele dein,
O laß mich ihn durchdringen!
Ich tauche mich mit Geist und Sinn
Durch die vertiefte Bläue hin
Und kann sie nicht erschwingen . . .!
Was ist so tief, so tief wie sie?
Die Liebe nur alleine,
Sie ist nicht satt und sättigt nie
Mit ihrem Wechselscheine . . .

R.

Um Himmelswillen, Hänschen, befolgen Sie aber nicht mein übles Beispiel und werden Sie nicht auch so redselig. Mir soll es nicht mehr passieren, ich schwöre!!!

18.

Nr. 8.

Freitag abend, 6. 7. 17.

Hänschen, schlafen Sie? Ich komme mit einem langen Strohhalm, um Sie am Ohr zu kitzeln. Ich brauche Gesellschaft, ich bin traurig, ich will beichten. In diesen Tagen war ich bös, und deshalb unglücklich und deshalb krank. Oder war die Reihenfolge umgekehrt: ich war krank und deshalb unglücklich und deshalb bös, – ich weiß es nicht mehr. Jetzt bin ich wieder gut und gelobe, nie, nie wieder den Teufel in meinem Innern Gehör zu schenken. Können Sie mir verargen, daß ich manchmal unglücklich bin, da ich das, was mir Leben und Glück bedeutet, stets nur von Weitem sehen und hören muß? Aber ja, schelten Sie mich nur, ich schwöre, ich will von nun an Geduld und Sanftmut und Dankbarkeit selbst sein. Herrgott, habe ich nicht Grund genug, dankbar und fröhlich zu sein, da mir die Sonne so scheint und die Vögel das uralte Lied singen, dessen Sinn ich so gut erfaßt habe . . .?
Wer mich am meisten zur Vernunft gebracht hat, ist ein kleiner Freund, dessen Bild ich Ihnen hier schicke. Dieser Geselle mit dem kecken Schnabel, der

steilen Stirn und dem altklugen Auge heißt »Hypolais hypolais«, zu deutsch »Gartenlaubvogel« oder auch »Gartenspötter«. Sie haben ihn sicher schon irgendwo gehört, denn er nistet gern überall in dichten Gärten und Parkanlagen, Sie haben ihn nur nicht beachtet, wie die Menschen zumeist an holdesten Dingen im Leben achtlos vorbeigehen. Dieser Vogel ist ein ganz eigenartiger Kauz. Er singt nicht etwa ein Lied, eine Melodie, wie andere Vögel, sondern er ist ein Volksredner von Gottes Gnaden, er hält Ansprachen an den Garten, und das mit ganz lauter Stimme, voller dramatischer Aufregung, sprunghafter Übergänge, pathetischer Steigerungen. Er wirft die unmöglichsten Fragen auf, beeilt sich selbst darauf unsinnige Antworten zu geben, stellt die gewagtesten Behauptungen auf, widerlegt hitzig Ansichten, die niemand geäußert hat, rennt offene Türen an, triumphiert dann plötzlich: »Hab ich's nicht gesagt? Hab ich's nicht gesagt?« Gleich darauf warnt er feierlich alle, die es hören wollen oder nicht wollen: »Ihr werdet schon sehen! Ihr werdet schon sehen!« (er hat nämlich die gescheite Gewohnheit, jeden Witz zweimal zu wiederholen). Es kommt ihm nicht darauf an, dazwischen plötzlich aufzupiepsen wie eine Maus, die sich den Schwanz eingeklemmt hat, oder in ein satanisch sein sollendes Lachen auszubrechen, das sich in diesem winzigen Kehlchen unglaublich komisch ausnimmt. Kurz, er füllt den Garten unermüdlich mit blühendstem Unsinn, und man glaubt in der Stille, die während seiner Ansprachen herrscht, die anderen Vögel Blicke tauschen und die Achseln zucken zu sehen. Nur ich zucke nicht die Achseln, sondern lache jedesmal beglückt und rufe ihm laut zu: »Süßer Quatschkopf!« Ich weiß nämlich, daß sein törichtes Geschwätz die tiefste Weisheit ist und daß er in allem Recht hat. Ein zweiter Erasmus von Rotterdam, singt er Das Lob der Torheit mit vollem Bewußtsein und trifft damit unbedingt den Nagel auf den Kopf. Ich glaube, er kennt mich auch schon an der Stimme. Heute hat er nach mehreren Wochen Schweigen wieder zu lärmen angefangen und setzte sich dabei auf den kleinen Haselstrauch dicht vor meinem Fenster. Als ich ihm erfreut meinen üblichen Gruß: »Süßer Quatschkopf!« zurief, kreischte er mir etwas Impertinentes zur Antwort, das beinahe so gedeutet werden konnte: »Du bist ja selbst eine Törin!« ... Das gab ich ihm denn mit dankbarem Lachen sofort zu und war auf einmal geheilt von Bosheit, Unglück und Krankheit. – Hänschen, ich phantasiere aber nicht über das dramatische Geschwätz! Jedes Wort stimmt. Sie werden sich mal selbst im Botanischen Garten in Berlin überzeugen, wo der Gartenspötter massenhaft nistet, und werden sich über den lustigen Kerl schief lachen.

Heute war hier wieder ein Tag von unbeschreiblicher, unfaßbarer Schönheit. Ich pflege sonst um 10 Uhr des Morgens wieder in meine Bude zu gehen, um zu arbeiten, heute konnte ich nicht. Ich lag ausgestreckt in meinem Korbstuhl, den Kopf hintenübergelehnt, und blickte stundenlang ohne Regung in den Himmel. Riesige Wolken von phantastischen Formen lagerten von allen Seiten auf dem matten Pastellblau, das zwischen ihren zerfetzten Umrissen hindurch schimmerte. Sie waren vom Sonnenlicht rings herum leuchtend weiß umsäumt, in der Mitte aber von ausdrucksvollem Grau, das in allen Abstufungen vom zartesten silbrigen Hauch bis zum finsteren Gewitterton spielte. Haben Sie schon beachtet, wie schön und reich die graue Farbe ist? Sie hat so etwas Vornehmes und Verhaltenes an sich, ist so vieler Möglichkeiten fähig. Und wie wunderbar machten sich diese grauen Töne auf dem pastellblauen Grund des Himmels! So wie ein graues Kleid zu tiefen blauen Augen steht. Derweil rauschte vor mir die große Pappel meines Gartens, ihre Blätter erzitterten wie im wollüstigen Schauer und funkelten in der Sonne. Mir schien in diesen paar Stunden, wo ich ganz in grau- und blaue Träumereien versunken lag, als erlebe ich Jahrtausende. Bei Kipling wird in irgend einer seiner indischen Geschichten erzählt, wie eine Büffelherde des Dorfes jeden Tag um die Mittagszeit hinausgetrieben wird. Die Riesentiere, die mit ihren Hufen ein ganzes Dorf in wenigen Minuten zerstampfen könnten, folgen geduldig der Gerte zweier dunkelbrauner Bauernkinder in bloßen Hemdchen, die sie zielbewußt zum entlegenen Sumpf treiben. Hier lassen sich die Tiere mit klatschendem Laut in den Schlamm hinab, in dem sie sich behaglich suhlen und bis auf die Schnauze ganz versinken, die Kinder aber ziehen sich vor der unbarmherzig sengenden Sonne unter den Schatten irgend eines schmächtigen Akazienstrauches zurück, verzehren langsam ihr mitgebrachtes Stück Gebäck aus Reismehl, betrachten die im Sonnenlicht schlafenden Eidechsen und blicken schweigend in den flimmernden Raum... »Und ein solcher Nachmittag dünkt ihnen länger, als manchen Menschen ihr ganzes Leben«, heißt es dann bei Kipling, wenn ich mich recht erinnere. Wie schön ist das gesagt, nicht wahr? Ich fühle mich auch so, wie jene indischen Dorfkinder, wenn ich einen Vormittag wie heute verlebe.

Nur eines quält mich: daß ich *allein* soviel Schönheit genießen soll. Ich möchte laut über die Mauer hinausrufen: O, bitte, beachten Sie doch diesen herrlichen Tag! Vergessen Sie nicht, wenn Sie noch so beschäftigt sind, wenn Sie auch nur in dringendem Tagewerk über den Hof eilen, vergessen Sie nicht schnell den Kopf zu heben und einen Blick auf diese riesigen silbernen Wolken zu werfen und auf den stillen blauen Ozean, in dem sie schwimmen. Beachten Sie doch die Luft, die von leidenschaftlichem Atem der letzten Lindenblüten schwer ist, und den Glanz und die Herrlichkeit, die auf diesem Tage liegen, denn dieser Tag kommt nie, nie wieder! Er ist Ihnen geschenkt wie eine vollaufgeblühte Rose, die zu Ihren Füßen liegt und darauf wartet, daß Sie sie aufheben und an Ihre Lippen drücken.

R.

19.

Hänschen, ich schrieb Ihnen neulich einen kurzen Gruß auf einer Postkarte, sehne mich schon aber sehr nach einem ordentlichen Brief von Ihnen. Ich führe hier das regelrechte Dasein einer Strafgefangenen, d. h. ich bin Tag und Nacht in meiner Zelle eingesperrt und sehe nur das Männergefängnis als vis à vis. Ich darf freilich soviel ich will im Hof unten mich ergehen, es ist aber ein gewöhnlicher gepflasterter Wirtschaftshof inmitten von Gefängnisgebäuden, auf dem Gefangene bei der Arbeit hin und her laufen, so daß ich den Aufenthalt dort auf das ärztlich vorgeschriebene Minimum der Bewegung aus Gesundheitsrücksichten einschränke und auch während dieser »Spaziergänge« möglichst wenig um mich her blicke. Der Abrutsch nach Wronke ist in jeder Hinsicht ein schroffer, aber dies nicht als Klage, sondern nur zur Erklärung, weshalb ich Ihnen vorläufig keinen aus Rosenduft, Himmelblau und Wolken-Schleiern gewobenen Brief schreiben kann, wie Sie's aus Wronke gewöhnt sind. Die Heiterkeit wird mir schon noch zurückkommen, – trage ich sie doch in mir selbst in unerschöpflichen Mengen, – nur muß ich erst mit meinem Kadaver einigermaßen in Ordnung sein, womit es bis dato bedenklich hapert. Mein Magen rebelliert heftig seit eineinhalb Wochen, so daß ich eine Woche lang liegen mußte, und auch jetzt lebe ich noch hauptsächlich von heißen Umschlägen und dünnen Süppchen. Die Ursache ist mir unklar, wahrscheinlich ist das die Nervenreaktion auf die schroffe Verschlimmerung der allgemeinen Lebensbedingungen. Heute geht es mir schon etwas besser, ich war wieder unten eine Stunde in der Sonne, und glaube das Schlimmste ist vorbei. Es gibt dort im Hof zwei schmale schwindsüchtige Rasenstreifen, die häufig durch die daneben die Wäsche aufhängenden und abnehmenden Gefangenen getreten werden und es natürlich nicht zur Üppigkeit bringen können. Immerhin habe ich darin schon sämtliche vorkommende species festgestellt, alle in verkrüppelten Formen; ein paar zwerghafte Schafgarben blühen und ein Dutzend Habichtkräuter (Sie kennen sie sicher, ohne den bot. Namen zu wissen: sie sehen aus wie Löwenzahn, nur viel kleiner) erheben ihre gelben, sonnigen Köpfchen. Kohlweißlinge, die jetzt in Mengen herumflattern, hängen sich gern an sie. Auch ein paar Tauben gibt es, wie in jedem Gefängnishof, sie kommen aus der Nachbarschaft, fühlen sich aber hier ganz heimisch und spazieren dreist heran, wenn Getreidesäcke (vom Militär) hier gewendet und ausgeschüttet werden, wahrscheinlich fällt hie und da noch ein Körnchen ab. Sonst schleichen nur schweigsam ein paar Sperlinge herum.
Ich lese jetzt Mignet und Cunow über franz. Revolution. Welches unerschöpfliche Drama, das einen immer wieder packt und bezaubert! Aber ich

finde doch die englische noch mächtiger und phantasievoller, glanzvoller, obwohl sie in so morosen Formen des Puritanismus sich abspielte. Den Guizot habe ich schon 3 mal gelesen, werde ihn aber noch öfters vornehmen.

Ich bin fleißig bei der Korolenko-Übersetzung, die ich bis Ende des Monats zu liefern versprach. Allerdings erfuhr sie durch meine Erkrankung eine empfindliche Verzögerung. – Wie finden Sie die Sache?

Mir kommt in den Sinn, daß Sie mir vielleicht schon unter dem Namen Frau Dr. Lübeck schrieben und niemand hier wußte, daß ich es sei. Auf jeden Fall: ich habe *nichts* von Ihnen hier erhalten und warte nun sehnlich auf einen Brief. Hier sind mir Briefe noch ganz anders liebe Gäste als in Wronke.

Auf Wiedersehen bis zum nächsten Brief,

herzlich Ihre
R.

NB. Ich habe natürlich hier meine Identität als *Frau Dr. Lübeck* bereits festgestellt und Sie können ruhig so adressieren. Direkt an die Kommandantur. Können Sie mir nicht etwas Belletristik schicken? Ich bin völlig blank. Sonja schickte mir ein Pack – lauter Unmögliches...

Ich lege Ihnen eine Skizze über Shakespeare (von Dr. Morgenstern) bei.

20.

Breslau, 27. 8. 17.

Hänschen, heute ist ein trüber Tag, scheußliches Regenwetter, deshalb sitze ich den ganzen Tag eingesperrt in der Bude. Nun aber brachte man mir die Post: einige Briefe und darunter von Ihnen – und da bin ich wieder froh und heiter! Auch mir ist es eine Erlösung, daß unsere Korrespondenz endlich wieder in Fluß kommt. Übrigens hatte ich Ihnen gerade nach Stuttgart geschrieben, konnte aber den Brief noch zurückziehen, um diesen dafür zu schreiben.

Armes Hannesle, ich kann Ihnen die Stimmung nachfühlen, in der Sie sich jetzt befinden, und es ist mir gerade ein Bedürfnis, auch von Ihren Trübsalen Näheres zu hören. Ich wäre auch dafür, daß Sie jetzt nach Stuttgart übersiedeln, um bei Ihrem alten Herrn zu sein. Kann man schon nichts helfen und tun, so ist es wenigstens eine Erleichterung, in seiner Nähe zu sein; Ihre bloße Anwesenheit ist doch für den Ärmsten eine Wohltat, und nachher macht man sich bittere Vorwürfe für jede Stunde, die man den alten Leuten entzogen hatte. Ich war nicht so glücklich, auch nur dies Wenige tun zu können.

Ich mußte ja ständig der Menschheit dringende Geschäfte besorgen und die Welt beglücken, und so fand ich die Nachricht vom Tode des Vaters in Berlin, als ich vom intern. Kongreß in Paris zurückkam, wo ich mit Jaurès, Millerand, Daszynski, Bebel und Gott weiß noch wem mich herumhieb, daß nur die Federn flogen, derweil konnte der alte Herr nicht länger warten, sagte sich wohl auch, es hätte doch keinen Zweck, mochte er noch so lange warten, da ich ja doch nie »Zeit hätte« für ihn und für mich selbst, – und er starb. Als ich von Paris zurückkam, war er schon seit einer Woche begraben. *Jetzt* wäre ich natürlich klüger, aber man wird ja meist klüger, wenn's zu spät ist. Also wenn Sie irgend können, gehen Sie zu Ihrem alten Herrn hin und bleiben Sie bei ihm bis zu Ende. Dieser Rat ist kein geringes Opfer meinerseits: ist mir doch, als seien Sie mir in Lissa näher und als sei ich ganz und gar verlassen, wenn Sie nach Stuttgart fahren. Aber ich hab ja Zeit – *jetzt* hab ich viel Zeit!... – und schließlich bringt mir die Post Ihre Nachrichten auch von dort.

Romain Rolland ist mir kein Unbekannter, Hänschen. Er ist ja einer der weißen Raben intra et extra muros [1], die nicht im Kriege den Rückfall in die Psychologie der Neanderthal-Zeit mitgemacht haben. Gelesen habe ich von ihm »Jean Christophe in Paris«, in deutscher Übersetzung. Ich fürchte, Sie zu kränken, will aber, wie immer, ganz ehrlich sein: ich fand das Buch sehr brav und sympathisch, aber mehr Pamphlet als Roman, kein eigentliches Kunstwerk. Ich bin in dieser Beziehung so unerbittlich empfindlich, daß mir die schönste Tendenz das einfache göttliche Genie nicht ersetzen kann. Aber ich werde sehr gern mehr von ihm lesen, zumal französisch, was mir an sich ein Genuß sein wird, und vielleicht finde ich in anderen Bänden mehr als in jenem.

Wie steht es aber mit meinem Hauptmann'schen »Narr in Christo?« Haben Sie's noch nicht gelesen? Dann wäre das jetzt, in Ihrer Stimmung für Sie ein wahrer Schatz. Wenn Sie's aber schon intus haben, bitte dringend um Ihr Urteil.

Seit einigen Tagen schwirren massenhaft Wespen zu mir in die Zelle (ich halte natürlich Tag und Nacht das Fenster offen). Sie suchen jetzt zielbewußt nach Nahrung und ich bin, wie Sie wissen, gastfrei. Ich habe ihnen ein Näpfchen mit allerlei Naschwerk hingestellt und sie beladen sich fleißig. Es ist ein Genuß zu sehen, wie diese winzigen Tiere alle paar Minuten mit einer neuen Ladung durchs Fenster verschwinden, um sich weit weg in einen Garten zu begeben, dessen grüne Wipfel ich nur von Weitem sehe, und nach einigen Minuten wieder geradenwegs in's Fenster zurückzufliegen und sich zu dem Napf zu begeben. Hänschen, welches fabelhafte Orientierungsvermögen

---

1 Wörtlich: innerhalb und außerhalb der Mauern. B. K.

bei diesen Äuglein, die so groß sind, wie ein Stecknadelkopf, und welches Gedächtnis: sie kommen Tag für Tag, vergessen also über Nacht keineswegs den Weg zu dem »bürgerlichen Mittagstisch« hinter Gitterstäben! In Wronke habe ich sie auf meinem Spazierweg im Garten täglich beobachtet, wie sie in die Erde zwischen Pflastersteinen tiefe Löcher und Gänge bohrten und die Erde zur Oberfläche hinausschafften. Dutzende von solchen Löchern gab es dort auf jedem Quadratmeter, für unser menschliches Auge gar nicht zu unterscheiden. Dabei wußte jedes Tier genau und direkt den Weg zu dem eigenen, als es von einer großen Exkursion in die Weite zurückkehrte! Ebensolche Rätsel der Intelligenz geben die Vögel bei ihren Wanderzügen auf, womit ich mich gerade näher befasse. Wissen Sie, Hänschen, daß bei dem herbstlichen Zug nach dem Süden große Vögel, wie Kraniche, oft einen ganzen Haufen kleiner, wie Lerchen, Schwalben, Goldhähnchen etc. auf ihrem Rücken tragen?! Das ist kein Kindermärchen, sondern wissenschaftlich erhärtete Beobachtung. Und die Kleinen zwitschern munter und unterhalten sich dabei auf ihrem »Omnibussitz«!... Wissen Sie, daß bei solchen Herbstwanderungen oft Raubvögel – Sperber, Falken, Weihe – in einem Haufen mit kleinen Singvögeln, die sie sonst zu fressen pflegen, die Reise machen, und daß auf dieser Reise eine Art treuga dei, ein allgemeiner Waffenstillstand herrscht? Wenn ich so etwas lese, bin ich so erschüttert und lebensfreudig gestimmt, daß ich sogar Breslau für einen Ort halte, in dem Menschen leben können. Ich weiß selbst nicht, warum das auf mich wirkt; vielleicht, weil es mich wieder daran erinnert, daß das Leben doch ein schönes Märchen ist. Im Anfang hätt ich's hier beinahe vergessen, jetzt kommt es mir aber wieder. Ich lasse mich nicht unterkriegen ...

Schreiben Sie bald.

Herzlich Ihre R.

Anbei ein rührender Feldpostbrief. Ich kenne den Mann gar nicht.

Feldpostbrief.

Beilage zum Brief vom 27. 8. 17.
O. U., 18. 8. 17.

Werte Frau Rosa Luxemburg!

Gestern habe ich mir erlaubt, ein Pfundpaket an Sie abzusenden. Wenn der Direktor oder die Verwaltung es gestattet, bzw. wenn Ihnen Pakete mit Lebensmitteln ausgehändigt werden, möchte ich Ihnen gern ein Postkollie mit Obst oder sonstigem Eßbaren zukommen lassen. Es würde mir Freude bereiten, eine Kleinigkeit zur Erhaltung Ihrer Gesundheit beitragen zu können. Wenn ich an Vergangenheit und Gegenwart denke, kommt mir immer wieder Ihr Name, Ihre Person in den Sinn. Vor dem Völkermorden schon habe ich manches Gute und Schöne von Ihnen gelesen, in Versammlungen gerne Ihren Worten gelauscht. Sie sind nicht nur Ihrer Überzeugung treu geblieben, sondern haben von jeher unmenschliches, speziell während dem »Kriege«, dafür erdulden müssen.

Zum Schlusse wünsche ich Ihnen gute Gesundheit, frohen Mut und baldige Freiheit mit vollkommener Menschwerdung für uns alle.

Viele Grüße sendet Ihnen

Ihr Ottenbacher Adalbert.

Zu Hans Diefenbachs Tod

1.

L. H. Wir haben uns alle drei sehr gefreut über die Postkarte und warten lechzend auf weitere Nachrichten. Daß Sie sich im Sattel gleich wie ein Held fühlen würden, wußte ich doch. Max ist vorgestern ganz plötzlich nach Spandau abgestiefelt. Die Stadt wird immer leerer, man sieht bald nur noch Greise, Kinder und uns schönes Geschlecht. Bleiben Sie munter und frisch und schreiben Sie oft!

Herzliche Grüße von Gertrud, Mimi, Leo und mir.   R [1].

2.

Brief an Hans Diefenbachs Schwester Gretl nach Hansens Tod.

Oktober 1917.

Sehr geehrte gnädige Frau:

Haben Sie vielen Dank für Ihre Zeilen. Wenn in einem solchen Schmerz von Trost gesprochen werden kann, so haben mir ihn Ihre Worte gewährt. Unsere Gedanken begegnen sich. Schon vor Empfang Ihres Briefes war es bei mir ausgemacht, daß ich, sobald ich wieder frei über mich verfügen kann, nach Stuttgart

---

[1] Auf der Vorderseite der Postkarte befindet sich eine Photographie von Gertrud Zlottko, die die Katze Mimi auf dem Arm trägt. Die Karte ist undatiert und mit einem undeutlichen Stempel Berlin Südende 8. 8. versehen; das Jahr ist nicht zu entziffern, doch stammt die Karte zweifellos aus 1914. Sie ist adressiert an: Herrn Vizewachtmeister des Artillerieregiments Dr. Hans Diefenbach in Glogau. Die Karte trägt den mit Blaustift geschriebenen postalischen Vermerk: »ungen. Adresse 19. 9. zck.« Sie fand sich unter den Originalbriefen, die Gertrud Zlottko meiner Mutter zur Veröffentlichung zur Verfügung stellte. Hans Diefenbach rückte zunächst als Vizewachtmeister ein und wurde erst später als Arzt eingestellt. B. K.

reisen will, um Hans' Schwester kennen zu lernen. Mir ist jetzt, als müßte ich irgendwo in der Welt noch lebendige Spuren seines Daseins suchen und sammeln – und wo könnte ich Sie am ehesten finden als bei Ihnen? Hans erzählte mir mehrmals von seiner innigen geschwisterlichen Freundschaft mit Ihnen, in den Zeiten früher Jugend, auch von der gemeinsamen Reise nach Venedig. Was Sie an ihm verloren haben, kann niemand besser wissen als ich, glaube ich doch, daß ihn kaum jemand besser kannte. Sie haben recht: Hans übertraf alle Menschen, die ich kenne, an innerer Noblesse, Reinheit und Güte. Das ist bei mir nicht der übliche Drang, von einem Toten Gutes zu sagen. Erst neulich, aus meinem vorigen Gefängnis, schrieb ich ihm aus einem besonderen Anlaß, der unsere gemeinsamen Freunde betraf, wie wohltuend und beruhigend für mich der Gedanke sei, er, Hans, sei nie und nimmer fähig, eine unnoble Handlung zu begehen, auch unbeobachtet, auch im geheimsten Gedankenfach nicht. Alles Gemeine war ihm völlig wesensfremd, wie wenn er ganz aus reinstem, bestem Stoff wäre, aus dem Menschen gemacht werden. Seine Schwächen – natürlich hatte er sie auch – waren die eines Kindes, das für das Reale im Leben, für den Kampf und all seine unvermeidliche Brutalität nicht ausgerüstet ist und mit ständiger innerer Angst vor dem Leben lebt. Ich fürchtete immer für ihn, er werde ewig ein Dilettant des Lebens bleiben, allen Stürmen des Lebens preisgegeben; ich suchte, soviel an mir lag, mit sanftem Druck ihn dahin zu bringen, sich doch in der Realität irgendwie zu verankern. Nun ist alles dahin. Ich habe zugleich den teuersten Freund verloren, der wie keiner jede meiner Stimmungen, jede Empfindung verstand und mitempfand. In der Musik, in der Malerei wie in der Literatur, die ihm, wie mir, Lebensluft waren, hatten wir dieselben Götter und machten gemeinsame Entdeckungen. Eben las ich zur Erholung in dem wundervollen Briefwechsel Mörikes mit seiner Braut und dachte mir bei jeder schönen Stelle aus alter Gewohnheit: »Darauf muß ich Hans aufmerksam machen!« Ich kann mich nicht an den Gedanken gewöhnen, daß er nun spurlos verschwunden ist...

Ich drücke Ihnen herzlich die Hand.   R. L.

An Marta Rosenbaum

1.

Südende, Lindenstr. 2
5. 1. 15.

Liebe Genossin Rosenbaum! Unter den vielen Bitten und Aufträgen, mit denen ich Sie vor meinem Dahinscheiden [1] plagen muß, duldet eine Angelegenheit keinen Aufschub. Wir haben beschlossen, die »unterirdische« Korrespondenz der Generalkommission der Gewerkschaften, die systematisch das Gift gegen die ausländischen Genossen verbreitet, zu abonnieren und in unserem Kreise zu verbreiten, um der Mache entgegenwirken zu können. Als Abonnent müßte ein unauffälliger Name gewählt werden. Ein Mariendorfer Genosse, Hugo Eberlein, ein uns völlig ergebener und einflußreicher Mann, hat es übernommen, die Korrespondenz zu abonnieren und sie weiterzugeben. Die erste Sendung ist schon eingetroffen, befindet sich bei Karl Liebknecht, geht von ihm an Mehring, später an Sie und von Ihnen an Kurt; so möchten wir es auch weiter halten. Wollen Sie nun so gut sein – da ich ja ausscheide – die Regelung der Sache und der Finanzen zu übernehmen? Die Kosten, die ja nicht gering sind, kann Eberlein ja natürlich nicht tragen, wir können sie auf den Fonds der Zeitschrift [2] legen. Wollen Sie deshalb so gut sein, dem beiliegenden Schein gemäß an Eberlein den Betrag zu senden. Viele Grüße und auf baldiges Wiedersehen!

Adresse Eberleins auf der Quittung.
Ihre R. L.

---

1 Einlieferung in das Gefängnis Barnimstr. B. K.
2 Wohl »Die Internationale«. B. K.

2.

Liebe Genossin Rosenbaum! Endlich habe ich »Gelegenheit«, Ihnen ein paar Worte zu schreiben, die Sie aber in Ihrem künftigen Brief an mich nicht zu erwähnen brauchen. Vielen und herzlichen Dank für Ihren Gruß zum 5. und für die Blumen, die jetzt noch auf meinem Tischchen stehen. Wirklich, sie haben sich wunderbar gehalten, und ich habe sie auch gepflegt, wie meinen Augapfel, jedes einzelne Schneeglöckchen und jede Narzisse jeden Tag in Augenschein genommen. Eigentlich war das alles »Contrebande«, aber sie wurden mir doch zugestellt. Ich bekam nämlich am 5. unerwartet und wie auf Verabredung eine solche Menge Briefe und auch Blumen, daß sie den starren Damm der »Regel« von selbst durchbrachen. – Über meine plötzliche »Ausschaltung« wie mitten im Telephongespräch war ich zuerst ziemlich bestürzt, obwohl ich doch lachen mußte. Manche Pläne sind mir auf die Weise zerstört worden, doch ich hoffe nicht alle. Ich habe endlich nach zwei Wochen meine Bücher und die Erlaubnis gekriegt zu arbeiten, Sie können sich denken, daß ich's mir nicht zweimal sagen ließ. Meine Gesundheit wird sich schon an die hiesige, etwas eigentümliche Diät gewöhnen müssen, die Hauptsache ist: sie stört mich nicht bei der Arbeit. Denken Sie, ich stehe jeden Tag punkt 5⁴⁰ auf! Allerdings muß ich schon um 9 Uhr ins »Bett«, wenn man das Instrument so nennen darf, das ich mir jeden Morgen rauf- und jeden Abend runterklappe, und das bei Tag sich so akkurat an die Wand schmiegt, wie ein Brett. Wie ich aus den Zeitungen ersehen kann, die meine einzige Verbindung mit der Weltgeschichte sind, geht es munter vorwärts. Sie sind wahrscheinlich von Haase begeistert, da Sie doch ein großes Faible für ihn haben; aber abgesehen davon, daß alle seine Klagen und Kritiken zu seiner Abstimmung wie Faust aufs Auge passen, hätte er nie diese Töne gefunden, wenn nicht der kräftige Rippenstoß aus dem Landtag von Karl L. gekommen wäre, der gezeigt hat, daß es auch *so* geht, und die Leute wieder ein bißchen an alte Töne erinnert hat. Im ganzen bin ich sehr guter und zuversichtlicher Stimmung, die Geschichte arbeitet uns wirklich in die Hände. Anbei ein Gruß an Kurt. Leben Sie recht wohl, haben Sie Dank für alles und schreiben Sie mir hie und da eine Zeile. Ich darf ja nur »1 Brief im Monat« schreiben.

Herzlich Ihre R. L.

PS. Bitte, unterhalten Sie sich am Telephon über mich und diesen Brief vorsichtig.

3.

Meine liebe Frau Marta! Herzlichen Dank für Ihren Ostergruß, der so gerade zu paß kam, wie irgend möglich! Er prangt immer noch auf meinem Tisch und erfreut mich in jeder kleinen Pause, wenn ich von der Arbeit aufblicke. Ich habe das lebhafteste Bedürfnis, Sie wieder einmal zu sehen und mit Ihnen ein wenig zu plaudern. Mir geht es gut, ich bin fleißig und gebrauche meine ganze »freie Zeit«, die von 5⁴⁰ Morgens bis 9 Uhr Abends dauert, zum Lesen, Denken und Schreiben. Sie fragen, ob ich noch Mut und Zuversicht habe. O, mehr als je! Wie sollte ich auch nicht? Sogar nach den spärlichen Äußerungen des Lebens, die zu mir dringen, muß ich annehmen und fühlen, wie sich die rauhe Zeit der winterlichen Erstarrung zum Frühling wendet, und das muß mit jedem Tag zunehmen. Außerdem, je mehr ich in Ruhe nachdenke, umso mehr muß ich an die Zukunft und alle guten Geister glauben. Also bin ich froh und zuversichtlich und in der besten Laune. Gerne möchte ich Ihnen und Kurt etwas davon mitteilen, da ich mir denke, daß Sie im Trubel und in der Tretmühle der täglichen Arbeit manchmal der Verzagtheit zuneigen und einer Erfrischung bedürfen, der arme Kurt aber mit Familienfreuden vorlieb nehmen muß, wo er doch immer Sehnsucht hat, sich im großen Strom des Lebens zu tummeln (was ich an ihm so gründlich schätze und liebe, denn es steckt elementar in seiner frischen Natur, ist nicht gequältes Produkt des Intellekts wie bei so vielen).

In meinem Gedächtnis haftet eine schöne Erinnerung: von unserer letzten Begegnung »im Freien«. Wissen Sie noch, wie wir einander in meiner Lindenstraße entgegeneilten, um 12 Uhr Mittags und dann plauderten im Wandeln auf der stillen, menschenleeren, sonnenbegossenen Straße? Mir ist, als hörte ich jetzt noch die Spatzen zwitschern, auf die ich nach meiner Gewohnheit auch während unseres Gespräches horchte. Sie waren so frisch und freudig erregt, so lebhaft, und hatten eine schöne Blume auf dem Pelzhut, und alles dauerte so kurz und sollte ein Abschied sein – und wurde ein Abschied...

Solche kleine Bildchen aus dem Leben behalte ich mit Farbe, Duft und Ton auf lebenlang im Gedächtnis und freue mich daran.

Ich bin hier vorläufig mit allem versehen; gestern Abend vor dem Schlafengehen betrachtete ich mir zur Erholung die »Studio«-Mappen von Turner (ich weiß nicht, ob Sie ihn kennen: der größte, der einzige Landschaftsmaler in Aquarell); die göttliche Schönheit dieser Bilder ergriff mich tief wie jedes Mal. Es ist für mich fast unfaßbar, wie eine solche Schöpfung möglich ist, als wenn ich vor Tolstois Werken stehe. Aber denken Sie ja nicht, daß ich hier bloß ästhetisiere! das sind nur manchesmal so Luxusgaben, die ich mir spende. In der Hauptsache sitze ich beim trockensten Zeug und suche »nützlich« zu sein. Eben gackerte ein Huhn auf dem Hof vor meinem Fenster, was mich in glänzende Stimmung zur Arbeit versetzt: keine bessere Begleitung zum Denkprozeß als solche einfache ländliche Stimmen, die das ruhige, gesunde und fruchtbare Leben hineinweht. Nun noch einige prosaische Bitten. Mein Magen denkt nicht daran, sich zu bessern, so will ich endlich die Ölkur beginnen. Würden Sie nicht die Güte haben, mir das dazu passende Öl hier abgeben zu lassen? Ferner zum 13., nicht früher, werde ich einen Liter Brennspiritus brauchen, und da mein guter Engel, Frl. Jacob, fort ist, so müssen Sie *wieder einmal!!* dieses Amt bei mir versehen. Und jetzt herzlichen Gruß und Händedruck, mein liebstes Martchen! Freundliche Empfehlung für Ihren Gatten und Ihre Wiener Freundin, die mich sehr interessiert. Les amies de nos amies... Bleiben Sie frisch und munter.

Ihre R. L.

Für Kurt viele Grüße. Etwas neue Belletristik würde mich erfreuen.

4.

Undatiert. Poststempel 11. 5. 16.

Meine liebe Frau Marta! Vielen Dank für Ihre Kartengrüße und den Brief. Ich hatte ja früher Ihre Adresse nicht, konnte also schon aus diesem Grunde nicht schreiben. Außerdem komme ich kaum zur Besinnung vor Lauferei und Sitzungen. Sie können sich denken, daß seit dem 1. 5. viel zu tun ist! Natürlich möchten Sie vor allem wissen, was mit K. [1] ist. Leider ist noch nichts Bestimmtes zu sagen. Die Untersuchung dauert noch, die Anklage ist noch nicht formuliert. Die Aussichten scheinen nicht ungünstig, doch entscheidet, wie Sie wissen, in solchen Fällen die politische raison d'état, es bleibt also abzuwarten, was diese erfordert. Daß der gesamte bürgerliche Reichstag die Immunität ablehnen wird, steht schon fest. Um so besser: das ist der politische Selbstmord des Parlamentarismus. Die Demonstration am 1. 5. war sehr gelungen und übertraf alle unsere Erwartungen, zumal wir sie ganz allein mit wenigen Kräften und in kürzester Zeit vorbereitet haben. Die Ledebour-Leute wurden um Mitwirkung angegangen und haben – abgesagt! Von Klara habe ich wieder weniger günstige Nachrichten: eine »Reise« in die Stadt (sie wohnt ja außerhalb) ist ihr so schlecht bekommen, daß der Arzt ihr aufs Strengste jeden Versuch untersagt hat, das Haus zu verlassen. – Den Sturm im hiesigen Berliner Glase Wasser

---

1 Karl Liebknecht B. K.

kennen Sie wohl aus dem Echo im »V«. Die Krise geht weiter, ein Ende ist nicht abzusehen und es »regnet« Sitzungen in der Früh und spät in der Nacht. Ich komme leider vor all diesem Trubel zu keiner ruhigen Arbeit und zu keiner freien Minute.

Ihre Azalee blüht unbeschreiblich schön, jetzt gerade ist sie im Zenith. Die ganze Welt strotzt vor Frühlingsschönheit und Glanz, aber ich habe kaum Zeit, davon im Vorbeigehen Notiz zu nehmen. Hoffentlich erholen Sie sich wenigstens gründlich und werden die unausstehlichen Schmerzen im Arm los. Pflegen Sie sich ordentlich und regen Sie sich wegen Nachrichten vom hiesigen »Kriegsschauplatz« nicht auf!

Für heute herzlichste Grüße von
Ihrer R. L.

5.

Postkarte, Poststempel 3. Juni 16.

Liebe Marta! Auf einer Spritztour begriffen sende ich Ihnen viele herzliche Grüße. Schönsten Dank für die erste Blumensendung sowie die prachtvollen Rosen, über deren Ankunft mir eben Mathilde J. berichtet. Aber eine Zeile von Ihnen auf meinen Brief habe ich noch *nicht* erhalten. Hoffentlich haben Sie sich schön erholt. Herzlichen Gruß auch von Klara

Ihre R. L.

6.

Postkarte, Poststempel Berlin C. 2. 8. 16.

Meine liebe Frau Martchen! Vielen herzlichen Dank für Ihre schönen Grüße, die mir sehr viel Freude gemacht haben. Wie bedaure ich, Sie nicht gesehen zu haben, da Sie doch hier in meiner nächsten Nähe waren! Hoffentlich wird das bald möglich sein; ich werde Ihnen Nachricht geben. Auch mit Briefen muß ich mich – leider – viel mehr zurückhalten als mir lieb wäre und muß die wenigen, die ich schreibe, für meine »Geschäfte«, Bücher und dergl. verwenden. Gestern hat mich die Nachricht über Klara sehr mitgenommen, und ich bin in ziemlicher Unruhe um sie. Ich erwarte, daß Frl. Jacob mich wissen läßt, sobald sie etwas Näheres erfährt. Sonst geht es mir gut und ich bin mit allem versehen. Also herzlichen Dank. Das schöne Wagner-Buch kenne ich schon, doch hat es mich als ein Zeugnis Ihrer Güte sehr gefreut. Denken Sie, die zwei Rosenknospen sind bei mir prächtig aufgegangen, was man bei geschnittenen Rosen so selten erlebt; sie duften herrlich. Ich kann mir wohl vorstellen, daß meine Azalee und Rhododendron bei Ihnen schön gedeihen; in einem halben Jahr sehen wir uns wieder, alle in Ihrem Garten! Werden Sie in diesem Jahre Sommerferien machen und wann? Herzlichste Grüße und auf baldigstes Wiedersehen!

Ihre R. L.

Empfehlen Sie mich bestens Ihrem Gatten.

7.

Postkarte, Wronke, 5. 11. 16.

Meine liebste Marta! Ihren Brief vom 21. 10. habe ich heute erhalten, Sie sehen, er geht länger als nach New York! Vielen Dank für Ihre lieben Zeilen, auch noch für die Enziansendung aus Oberbayern, leider hatte ich kurze Freude daran, denn ich mußte am gleichen Tage, wie sie angekommen waren, die Barnimstraße verlassen. Hier sind die paar Sträucher, unter denen ich mich ergehen darf, schon ganz kahl, nur am dürren Laub an der Erde habe ich sie schon sämtlich rekognosziert. Ich *freue mich sehr*, daß Hedwig bei Ihnen ist. Sie brauchen eine jugendliche Umgebung! Wann werden wir beide wieder in Süd-ende wandern, damit ich Ihnen einen Feldstrauß binden kann?? Ich umarme Sie *herzlichst* und grüße bestens Ihren Gatten und Vetter.

Ihre R. L.

8.

Ansichtspostkarte, Wronke, Poststempel 6. 12. 16.

Meine liebe Marta! Vielen herzlichen Dank für die liebe kleine Sendung. Die Maiglöckchen sind ganz frisch angekommen und duften herrlich in der Vase. Auch die kleinen versteckten Leckerbissen sind voll gewürdigt worden. Wie abscheulich, daß Sie nicht herdürfen! Vielleicht läßt sich das doch mit der Zeit erreichen. Schreiben Sie mir öfters eine Zeile. Ich denke viel an Sie und sehne mich wieder nach einem Plauderstündchen oder einem Feldspaziergang in Südende. Ich umarme Sie herzlich und grüße bestens Ihren Gatten und das Veilchen. Hat Sonja meinen Brief vom 22. 11. erhalten?

Ihre R.

25. 12. 16.

Ich beauftrage Gen. Groß, vom Fonds der gewesenen Zeitschrift »Die Internationale« Mark 900.— (neunhundert) als Darlehen zur Herausgabe der Junius-Broschüre in zweiter Auflage, abzuheben. Das Darlehen ist aus den Eingängen für den Vertrieb der Broschüre an den Fonds zurückzuerstatten.

Herzog.

November 1916.

Untertäniges Promemoria an Frau Marta.

Als Karolus ward begraben in des Kerkers tiefem Grauen,
sandt' ihm süße Kognakkirschen, wohl die edelste der Frauen.
Da wir nunmehr brummen achtzehn oder gar schon zwanzig Wochen,
Haben wir an jedem Tage uns die gleiche Huld versprochen.
Doch an *jedem* Tag *vergebens* harrten wir der süßen Spende
Denn die edelste der Frauen schloß für *uns* die Feenhände!
Unsere legitime Frauen sandten uns hausbackene Gaben,
Doch an Kognakkirschen konnte nie sich unser Herz erlaben.
»Butter hab' ich, Brot und Pudding und dazu noch frische Eier
Aber keine Kognakkirschen« also klagt Genosse Meyer.
»Ich auch speise Fleisch vom Rinde oder Fisch vom sauren Hering,
Aber keine Kognakkirschen«, also seufzt Genosse Mehring.
Dieses große Elend ohne großes Mitleid anzuschauen,
Nimmer glaubten wir so Arges von der edelsten der Frauen.
Unsere flehentliche Bitte wird ihr gutes Herz erweichen
Und mit holdem Lächeln wird sie uns die Kognakkirschen reichen.

Untersuchungsgefängnis
Alt-Moabit. 12 A   14. 12. 16.
Franz Mehring
Ernst Meyer.

Untertänige Dankhymne für Frau Marta.

Nun spielen wir die Leyer, Franz Mehring und Ernst Meyer,
Im gläubigen Vertrauen zur edelsten der Frauen,
Und wir gestehen ehrlich: die Kirschen schmeckten herrlich.
Wie sollen wir ihr danken, als daß wir ohne Schwanken
Zu ihrer Fahne schwenken und unser Herz ihr schenken
– so weit es uns gestatten, die legitimen Gatten.
Nun wünschen wir das Beste ihr zu dem Weihnachtsfeste,
In dessen lichtem Scheine wir bitten um das eine,
Daß sie im neuen Jahre die alte Huld uns wahre.

Auf das untertänige Promemoria bekümmerte Antwort eines Unberufenen.

Ach, der Mensch ist nie zufrieden, wenn's ihm geht zu gut hienieden!
Im Besitz zwo zücht'ger Frauen, die sich mühen vom Morgengrauen
Um jedwedes eßbar gut Ding, Fleisch und Eier, Fisch und Pudding –
Nicht befriedigt, still und ehrlich, sondern noch nach mehr begehrlich,
Stürmt verwegen in die Leier, so der Mehring wie der Meyer!
Doch nicht darum hat uns Kessel hingesetzet in die Nessel,
Um der Fleischeslust zu frohnen und zu schlucken Kognakbohnen!
Denkt, wie mancher Zeitgenosse, nicht verhätschelt so vom Lose,
Hat nicht Frau, noch Speck, noch Hering als wie Meyer und wie Mehring
Und vom Kognak keinen Nebel und im Munde nur den Knebel
Alldieweil jetzt herrscht der Säbel.
Lernt euch züchtiglich bescheiden und auch Dinge unterscheiden,
Denn, das merkt euch: seit Aeonen spricht man nicht von Kognak*kirschen*
Sondern nur von Kognakbohnen.

9.

Wronke, Januar 19. 17.

Liebe, liebe Marta! Was sind Sie für ein Prachtkerl, wie haben Sie mich durch
die Gaben an das kleine Kind hier erfreut! Jede Ihrer Sendungen ist mir eine
kindische Freude, weil alles immer so nett und lieb ist, was von Ihnen kommt.
Über den poetischen Gruß an Sie bin ich begeistert, ich habe gelacht und lache
immer noch wie närrisch und bin selig, daß der Alte seinen Humor gefunden
hat. Auch kann ich mir so gut vorstellen, wie *Sie* beim Lesen dieses Promemoria

lachten; ich kenne so gut Ihr helles, herzliches Lachen und habe es so gern. Seien Sie mir nur heiter und guter Dinge! Vielen Dank nochmals für alles. Ich umarme Sie herzlich und erwarte Ihren Besuch im Januar. Viele Grüße an Veilchen und an Ihr ganzes Haus.

Ihre R.

10.

Postkarte, Wronke, Poststempel 29. 1. 17.

Mein liebes Martchen! Ich schrieb vorgestern an Math. [1], daß ich Sie bitten möchte, Ihren lieben Besuch etwas zu verschieben. Ich habe mir überlegt und bitte Sie, zu kommen, wann Sie sich vorgenommen haben (vorausgesetzt natürlich, daß Sie die Einwilligung der hiesigen Direktion erhalten). Sie werden doch auch Nachsicht und Geduld mit mir haben, wenn Sie mich etwas scheuer finden sollten, als Sie gewohnt sind? Sie wissen ja, daß ich hier nicht zu Hause, sondern ein fünftes Rad am Wagen bin. Eine Verschiebung Ihres Besuches würde ihn zu nahe wieder an den Märzbesuch Math. rücken, was hier sicher nicht bequem sein dürfte. Schreiben Sie also *gleich*, wann ich Sie erwarten darf. Ich freue mich schon sehr darauf. Bringen Sie etwas mildes Klima mit, ich kann es brauchen. Auf Wiedersehen also! Viele Grüße an Veilchen und die Ihrigen.

Ihre R.

Sagen Sie der Math., daß ich Ihre Sendung Cakes erhalten, nicht aber die von Sonja und daß ich mit großer Sehnsucht auf gute Briefe warte.

11.

undatiert.

Mein liebes Martchen! Vorläufig hier nur einen kurzen Gruß und Dank für Ihre schönen und lieben Gaben. Ich habe mich über alles gefreut. Auch ich verspreche mir viel von unserem nächsten Zusammensein und freue mich schon darauf. Daß Madame Bovary doch bei Ihnen Anerkennung fand, hat mich sehr befriedigt. Ich weiß nicht, ob Ihnen der Ulenspiegel gefallen wird und ob Sie

---

1 Mathilde Jacob.

ihn nicht vielleicht schon gelesen haben? Ich halte ihn für eines der größten Meisterwerke der Weltliteratur und bin auf Ihren Eindruck gespannt. Herzlichste Grüße und Neujahrswünsche Ihnen, liebes Martchen, Ihrem Gatten, Frl. Ännchen, Frl. Mathilde, der ich gute Besserung wünsche.

Stets Ihre R.

Veilchen und Frau viele Grüße.

12.

undatiert.

Mein liebes Martchen! Fahren Sie nach Posen zu meinem Arzt, Dr. Lehmann, Posen, Viktoriastr. 26/27, schreiben Sie sich alles auf, was er sagen wird und geben Sie's mir *auf demselben* Wege (ohne darüber laut zu sprechen).

Kuß Ihre R.

13.

undatiert.

Mein liebes Martchen! Ich war so glücklich über den gestrigen Besuch. Es war so schön und gemütlich und ich hoffe sicher, heute und Sonntag wird es ebenso sein. Das ist für mich eine große seelische Erfrischung, von der ich nun mehrere Wochen zehren werde. Sie haben mich so wohlig erwärmt durch Ihre Nähe, Sie liebe Seele. Nach einiger Zeit kommen Sie wieder, ja? Ich freue mich schon auf das nächste Mal. Das heißt, wenn ich noch weiter hier sitze. Aber Sie können im allgemeinen wirklich ruhig um mich sein: ich befolge jetzt die ärztlichen Vorschriften aufs Peinlichste, und hoffe fest, von hier gesund und kräftig wegzugehen, so daß Ihr an mir im Kampf und Arbeit Freude haben sollt. Zu kämpfen und zu arbeiten wird es viel, viel geben. Aber ich verzage absolut nicht. Liebste, die Geschichte weiß immer selbst am besten Rat, wo die Sachlage am verzweifeltsten aussieht. Ich rede da nicht etwa einem bequemen Fatalismus das Wort! Ganz im Gegenteil! Der menschliche Wille muß aufs Äußerste angestachelt werden und es gilt, bewußt zu kämpfen aus aller Kraft. Aber ich meine: der *Erfolg* dieser bewußten Einwirkung auf die Massen hängt jetzt, wo alles so absolut hoffnungslos *aussieht,* von elementaren, tief verborgenen Sprungfedern der Geschichte ab, und ich weiß aus der geschichtlichen Erfahrung, auch aus persönlicher Erfahrung in Rußland, daß gerade dann, wenn äußerlich sich alles gänzlich ausweglos und jämmerlich ausnimmt, schon ein völliger Umschwung sich vorbereitet, der dann allerdings umso heftiger ist. Vergessen Sie überhaupt nie: wir sind an geschichtliche Entwicklungsgesetze gebunden, und diese versagen *nie*, wenn sie auch manchmal nicht just nach Schema F gehen, das wir uns zurechtgelegt haben. Also, auf jeden Fall: Kopf hoch und den Mut nicht sinken lassen. Ich umarme Sie kräftig in warmer Liebe.

Ihre R.

Schreiben Sie noch Hänschen, falls er hier, wie ich rate, einfach auftauchen will, dann am besten *Sonntag* Mittag. Vielleicht nächsten? Er soll natürlich nicht erwähnen, daß er *wußte*, es sei am Sonntag am besten, er soll aufs »geratewohl« kommen, weil die Erlaubnis der Kom. zu lange daure. Ich garantiere für Erfolg.

14.

Wronke, 7. 2. 17.

Mein liebes, liebes Martchen! Hoffentlich ahnen Sie, aus welchen Beweggründen ich gegen unser häufigeres Wiedersehen war: ich mag hier keine Wohltaten empfangen, ich mag um nichts bitten und für nichts beglückt danken müssen. Dasselbe wiederholt sich jedesmal mit Mathilde. Aber natürlich bin ich selig, daß ich Sie noch sehen und sprechen kann, obwohl mir unter diesen Umständen die Zunge im Munde erstarrt. Doch Sie verstehen wohl alles oder ahnen es wenigstens und nehmen mir nichts übel. Wie anders wäre das in Südende! Nun, hoffentlich kommt auch das bald. Ich habe so eine dunkle Ahnung – ich weiß selbst nicht woher – daß ich bald oder in nicht allzulanger Frist entlassen werde. Franziskus schrieb mir, daß Kurt für sehr falsch hält, daß ich an das Oberkriegsgericht nicht appelliere. Aber Martchen, daß ist ein vollständiger Irrtum! Ich habe gar keine *Grundlage*, um zu appellieren – ich meine, um *anständigerweise*, in einer meiner würdigen Weise zu appellieren! Bestreiten, was mir im Strafbefehl zur Last gelegt wird, mich aus der intensiven Tätigkeit herauslügen kann ich natürlich nicht. Ich könnte einzig und allein meine gefährdete Gesundheit in's Feld führen. Aber abgesehen davon, daß mir das Lärmmachen mit meiner körperlichen Schwäche gerade darum widersteht, weil ich eine Frau bin, ist in diesem Fall nur das Zeugnis eines Kreisphysikus maßgebend. Und ein solcher wird im Leben kein Zeugnis auf gefährdete Gesundheit (verlangt wird eigentlich Lebensgefahr) ausstellen. Auch nicht auf Notwendigkeit eines Sanatoriums, das steht nun mal fest. Notabene, der Unglücksmensch, Dr. Lehmann, den ich hier auch nicht mit einer Silbe instruieren konnte, da wir streng überwacht wurden, ging von mir ungebeten zu der hiesigen Direktion und hat – wie mir berichtet wurde – lächelnd »beruhigt«, es habe nichts auf sich mit mir, es sei bloß Nervenüberreizung, die sich aber hier spielend wird beheben lassen usw. Das war also auch ein Bärendienst nach dieser Seite. Nun habe ich überhaupt keinen Angriffspunkt zum Appell an das Oberkriegsgericht. Doch habe ich die feste Überzeugung, und das ist die Hauptsache: – daß, *wenn* man mich entlassen will, dies von meinem Appell ganz unabhängig ist. Entweder wird man mich sowieso entlassen – ich ahne, wie gesagt, daß das nicht allzu lange währen wird – oder alles Appellieren hilft nichts. Teilen Sie diese meine Gesichtspunkte, bitte, sowohl unserem Senior wie Kurtchen mit. Was mein Befinden betrifft, so sind meine Nerven – dies nur *Ihnen*, Martchen und der Mathilde, ich möchte nicht, daß darüber gesprochen wird – in bedenklichem Zustand. Mein ganzes Magenleiden ist nichts als Nervenschmerz. Und denken Sie das Schrecklichste, was mich verfolgt: ich habe das Gefühl, daß ich nicht mehr werde öffentlich auftreten können, denn sobald ich laut sprechen oder mich aufregen muß, der Magen mich sofort mit einem Krampf lahm legt. Das ist alles durchaus nicht gefährlich, auch wirkt ruhiges und regelmäßiges Leben äußerst gut und lindernd auf mich, aber eben, so lange ich mich ruhig verhalte. Jede geringste Aufregung, auch freudiger Natur, wie ein Besuch, packt mich als Krankheit am Magen, ich werde wohl also jahrelang noch ruhig mich verhalten und hauptsächlich mit der Feder wirken müssen. Nun, man muß auch damit zufrieden sein. Hier hab' ich's ja gut in körperlicher Beziehung: viel Ruhe, gute Luft, kann viel spazieren im Freien (wenn ich will 3–4 Stunden), zu essen kriege ich für heutige Verhältnisse geradezu ideal, zumal wenn man all das hinzuzählt, womit mich Ihre, Eure Güte wie aus einem Füllhorn ständig überschüttet. Summa summarum: Sie haben gar keinen Grund zur Unruhe um mich und zum heftigen Unmut über mein Schicksal. Ich bin freilich schon stark menschenscheu geworden, aber das macht ja nichts. Vergleichen Sie mein Los mit dem Karls und Sie werden zugeben, daß nicht *ich*, sondern *er* alles Mitgefühl und alle Sympathie verdient. Martchen, ich habe Ihnen schon einmal die arme Sonja L. [1] ans Herz gelegt und tue es nochmals. Sie sollen oft um sie sein, denn Sie verbreiten durch Ihr Lächeln und Wesen solche Wärme und Wohligkeit um sich, daß ich mir davon für die kranke Seele der kleinen Frau viel Gutes verspreche. Ich meine nicht, daß Sie Sonja in Gesellschaft schleppen, etwa mit A. und anderen zusammenbringen!! Sie paßt erstens schlecht in *diese* Sphäre, wenn sie's auch nicht zeigt (ich kenne sie genau) und zweitens braucht sie auch viel Ruhe. Sie braucht um sich nur *ein paar* sehr

---

1 Liebknecht.

gute und verständnisvolle Menschen und dazu rechne ich Sie in erster Linie und die Luise Kautsky, der ich Sonja gleichfalls ans Herz legte. Übrigens möchte ich wissen, wie *Ihnen* Luise gefällt, wie Sie mit ihr auskommen? Mich freut so zu hören, daß Sie jetzt öfters mit ihr zusammentreffen, sie äußert sich von Ihnen mit viel Wärme und Sympathie. Suchen Sie auch Franziskus und Frau Eva, bei denen Sie jetzt einen Stein im Brett haben, für Sonja warm zu erhalten. Jetzt möchte ich von *Ihnen*, von Ihrem Leben vieles, alles erfahren! Schreiben Sie mir morgen, was Sie nicht laut erzählen mögen. Ich weiß nicht, ob das nicht ein Irrtum von mir ist, aber Ihr Gesicht hat mir diesmal einen etwas heitereren und ruhigeren Eindruck gemacht, als oft sonst. Wie wäre ich froh, wenn das *keine* Täuschung ist! In Ihren Augen steckt sonst ein wahrer Abgrund von Gram und Angst vor dem Leben. Wie möchte ich mit Ihnen in Südende, wenn das Frühjahr kommt, im Feld den ersten Feldstrauß binden! Jetzt schwebt mir das wie ein Paradies vor, kaum bin ich aber in Freiheit, dann wird mich wohl wie jedesmal der rasende Strudel des Lebens und Kampfes verschlingen, und ich komme vielleicht wochenlang nicht zu einer so unschuldigen Freude, wie mit Ihnen ein Stündchen zu plaudern und zu spazieren. Wissen Sie, Martchen, daß in meiner Erinnerung immer noch die sonnenübergossene stille Straße und wir darauf wandelnd mitten im Vogelgezwitscher lebendig ist – am Tage vor meiner ersten Verhaftung? Solche Bildchen bleiben mir fürs Leben frisch in der Seele. Ob Ihnen auch? Liebe Seele, schreiben Sie mir jetzt, wo Gelegenheit ist, frei zu schreiben, über alles ausführlich. Ich lege hier noch ein Brieflein für Hans D. bei und eine Zeile für Alice [1]. Ihre Güte rührt mich tief und ich möchte es ihr gerne bezeugen. Nun für heute genug, nächstens mehr. Ich umarme Sie vielmals, auf Wiedersehen, Liebe!

Ihre von Herzen R.

Den Brief an *H. D.* lesen Sie und schicken ihn *gleich* eingeschrieben. Noch eins! Martchen, darüber, daß der Arzt sich hier dumm benahm und daß er hätte früher informiert werden sollen, bitte ich Sie, in Berlin *kein Wort* zu sagen. Mathilde J. würde das nämlich bei ihrer zartfühlenden Empfindlichkeit sicher als *ihre* Unterlassung betrachten und sich schrecklich zu Herzen nehmen. In Wirklichkeit aber spielt das gar keine Rolle, denn *sein* Urteil wäre auf jeden Fall nicht maßgebend; das Attest des Kreisarztes mußte unbedingt das seinige bestätigen und das kriege ich auf keinen Fall, denn simulieren kann ich nicht, unter keinen Umständen kann ich mich kränker stellen als ich bin. Also bitte, Liebste, vermeiden Sie das geringste Wort, das Mathilde beunruhigen könnte.

1 Frau Kurt Rosenfelds. B. K.

An den Arzt werde ich wahrheitsgemäß berichten, daß es mir besser geht. Klar und gerade soll unser Weg auch in *dieser* Angelegenheit bleiben. Nochmals Kuß

aus vollem Herzen R.

15.

Sofort erledigen.

10. 2. 17.

Martchen, meine Liebste! Nun zum letzten Mal noch ein Brieflein, das Sie unterwegs lesen können. Notabene: da Sie jederzeit eine Verhaftung in Berlin am Bahnhof bei der Ankunft aus Wronke gewärtigen können, so bitte ich Sie dringend, keine Briefe etc. in der *Handtasche* zu halten, sondern am Leibe. Denn eine Leibesvisitation brauchen Sie sich als Schutzinhaftierte *nicht* gefallen zu lassen und können dann eventuell bei passender Gelegenheit das Nötige vernichten. Wie köstlich war diese Woche! Ich habe den schönsten und harmonischsten Eindruck von Ihrem Besuch. Sie haben Recht: Kurt hat um uns beide soviel verdient, weil er uns zusammen gebracht hat, daß ich ihm schon deshalb alles verzeihen und ihm gut sein muß. Und Sie haben nochmals Recht, wenn Sie sagen, er ist aus seiner Bahn geschleudert [1]. So müssen wir ihm beistehen, damit er sich wieder hineinfindet! Man muß überhaupt nie vergessen, *gut* zu sein, denn Güte ist im Verkehr mit Menschen viel wichtiger als Strenge. Erinnern Sie mich oft daran, denn ich neige zur Strenge, leider – freilich nur im politischen Verkehr. In persönlichen Verhältnissen weiß ich mich von Härte frei und neige am meisten dazu, lieben zu können und alles zu verstehen.

Wie schade, daß wir uns so spät erst gefunden haben. Aber, Liebe, was mich am meisten zu Ihnen hinzieht, ist ja gerade das Frische, Nichtabgeschlossene, ein wenig Kindlich-unbeholfene in Ihrem Wesen! Das wirkt so jugendlich und warm und ich habe bei Ihnen von Alter gar keinen Eindruck und nicht davon, daß bei Ihnen irgend eine Möglichkeit schon verpaßt wäre. Ich glaube, Sie *können* noch alles werden und erreichen, was Sie hätten früher können. Übrigens, Sie werden sich vielleicht wundern: ich will von *Ihnen* gar nichts besonderes. Ich habe gar kein Bedürfnis an Menschen, die mir lieb sind, zu schulmeistern. Ich habe Sie *gern, so wie Sie sind.* Natürlich will ich, daß Sie Ihre Zeit nicht ganz auf Tagesmühe vertrödeln, daß Sie recht viel gute Bücher lesen, daß Sie am großen Werk mitarbeiten und helfen, aber alles das, scheint mir, können Sie so wie Sie *sind*, so wie ich Sie *kenne*. Von Ihrem Erlebnis – ich ahnte schon,

---

1 Kurt Rosenfeld war damals Soldat.

daß Sie Schweres erlebt haben, obgleich ich nichts Näheres weiß – werden Sie mir in Südende, im Feld, beim Feldblumenpflücken, einmal erzählen, ja? Ich will an Ihrem Gram und an Ihrer Last teilnehmen; es ist mir ein Bedürfnis, Sie nicht allein leiden zu sehen. Und vielleicht kann ich Sie durch meine *Kraft* und Liebe ein bißchen stützen und schützen. Und nun haben Sie vielen, vielen Dank für die schönen Stunden, die ich Ihnen hier verdanke, für die Wärme, die Sie mir gebracht haben und dafür, daß Sie so *schöne* Hände haben, die ich jedesmal mit Freude betrachte. Herzlich

Ihre Rosa.

16.

Postkarte. Wronke, 31. 3. 17.

Mein liebes Martchen! Ich sehe, daß die Hoffnung schwindet, Sie hier in den nächsten Tagen zu haben. Deshalb beeile ich mich, Ihnen noch vor der Osterreise meine Grüße zu senden. Ich rechne stark darauf, daß wir uns jedenfalls nach Ihrer Rückkehr noch im April sehen. Mich tröstet der Gedanke, daß Sie jetzt eine schöne Reise machen und schönere Gegenden als Wronke sehen werden. Falls ich Ihre Adresse erfahre, möchte ich Ihnen gerne nach Ihrem Osteraufenthalt einige Zeilen senden. Einstweilen seien Sie mir herzlich umarmt und grüßen von mir bestens Ihren Gatten, sowie Frl. Annchen und nicht minder unser Veilchen. Vielen Dank noch, daß Sie bei Frau Eva [1] für mich mit Grüßen und Blumen vorsprachen. Auf Wiedersehen und gute Erholung! Viel Vergnügen und schönes Wetter!

Ihre R.

17.

Wronke, April 1917.

Mein liebes – liebes Martchen! Ich kann gar nicht sagen, wie sehr ich mich auf unser Wiedersehen freue! Ich zähle schon seit einer Woche Tage und heute seit Morgen Stunden. Es kommt mir vor, als sei es furchtbar lange, seit wir uns das letzte Mal sahen. Sie wollen nur noch am Sonntag kommen, hoffentlich dürfen

---

1 Frau Eva Mehring. B. K.

wir uns am Sonntag sehen. Aber ich möchte Sie dringend auch noch am Montag, vielleicht nur für 5 Minuten sehen! . . . Bitte, bleiben Sie so lange noch hier und bitten Sie selbst am Sonntag noch schnell von mir Abschied nehmen zu dürfen. Hoffentlich finde ich Sie frisch und munter. Ich war diese ganze Woche sehr gedrückt, nun macht mich aber die Aussicht auf unser Wiedersehen fröhlich und fast gesund. Alles andere mündlich und auch noch am Sonntag.   Kuß!

Ihre Rosa.

18.

Wronke, April 1917.

Mein liebes Martchen! Diesmal wird es nichts richtiges werden, fürchte ich. Ich war Freitag (und werde wohl auch heute) so vertattert, und der Kopf geht mir so rum, daß ich gar nicht ruhig und offen mit Ihnen plaudern kann. Das liegt schon an der doppelten Aufsicht und ist nichts zu machen. Sie sind, wie ich ahne, in derselben Verfassung. Aber es ist mir doch ein Labsal, Sie wenigstens zu sehen und Ihre Nähe zu fühlen. Schade, daß das so im Galopp geht. Sie müssen das nächste Mal am *Donnerstag* kommen und bis Montag oder Dienstag bleiben. Ob aus unserem morgigen Abschiedskuß noch was wird, weiß ich nicht. Aber wenn es auch nicht geht, so müssen wir halt auch so auskommen! Ich bin schon gefaßt. Wie bin ich Ihnen dankbar, daß Sie gekommen sind! Seien Sie ruhig um mich, gesundheitlich geht's mir zwar mit dem Magen immer noch nicht besser, aber mit Nerven im allgemeinen geht's langsam vorwärts. Dann wird wohl der Magen auch zur Ruhe kommen, wenn bloß der Frühling schon käme! Die Sonne und Wärme und das junge Grün sind mir das Wichtigste für den allgemeinen Zustand, Sie kennen mich ja! Nun, und die herrlichen Dinge in Rußland wirken auf mich auch wie Lebenselixier. Das ist ja für uns alle eine Heilsbotschaft, was von dort kommt, ich fürchte, Ihr alle schätzt das nicht genügend hoch, empfindet nicht genügend, daß es unsere eigene Sache ist, die dort siegt. Das *muß*, das *wird* auf die ganze Welt erlösend wirken, das *muß* ausstrahlen nach ganz Europa, ich bin felsenfest überzeugt, daß eine neue Epoche jetzt beginnt, und daß der Krieg nicht mehr lange dauern kann. Deshalb möchte ich hören, daß Sie in besserer Verfassung sind, daß Ihr alle in gehobener und froher Stimmung lebt – trotz allem Elend und Graus. Sie sehen, die Geschichte weiß sich Rat zu geben, wo es am ratlosesten aussieht. Seien Sie mir froh und munter, ich umarme Sie tausendmal und grüße Kurtchen vielmals.

Ihre R.

Wronke, April 1917.

Mein liebes Martchen! Tausend Dank für Blumen, Brief, Karten, Süßigkeiten, für alle Ihre Güte und Liebe. Ich schrieb Ihnen nicht, weil ich auf die Gelegenheit wartete, um wieder offen von Herzen schreiben zu können. Wie mir Ihr lieber Besuch wohl getan hatte, haben Sie ja selbst gesehen und empfunden! Leider, leider höre ich, daß Sie sich auf der Heimreise eine böse Erkältung zugezogen haben, die Sie noch immer nicht los werden können! Wie tut mir das leid, daß meine Freude solche Opfer kosten muß. Und bei Ihnen scheint jeder derartige Unfall so besonders hartnäckig lang haften zu bleiben, wie die Armschmerzen im vorigen Jahre! Wenn doch schon endlich Wärme und Frühling käme! Es würde Ihnen sicher gleich wohl tun, wie auch mir. Sie können sich gar nicht vorstellen, wie ich mich nach dem Frühjahr sehne, wie ich den Winter schon satt habe! Meine Nerven sind einfach durch das ewige Heulen des Frostwindes, den man hier wohl besser hört als in Berlin, aufs Äußerste abgespannt. Aber das macht nichts, auch hier heißt es: abwarten und die Naturgesetze ihre Arbeit verrichten lassen. Wenn ich an meiner ewigen Mauer den täglichen Spaziergang mache, stelle ich mir jetzt oft in der Phantasie mein Südender Feld vor, bilde mir ein, ich ginge dort spazieren, verfolge den Weg ganz genau in Gedanken – ich kenne ja jeden Strauch und jedes Gräslein dort – jetzt biege ich von der Brücke in die Wiese ein, dort müssen schon die ersten Huflattiche aufblühen, weiter geht der schmale Weg zwischen zwei Zäunen, an denen eine Menge Feldblumen – ganz bescheidene kleine Wesen, die ich nur entdecke tief auf der Erde – wachsen; dort müssen bald die ersten weißen Sternchen der kleinen Miere aufblühen; dann noch quer übers Feld und nach Lankwitz raus, wo wieder an einem alten zerfallenen Zaun die ersten roten Taubnesseln sich öffnen. Voriges Jahr habe ich, glaube ich, schon im März einen Goldstern dort gefunden. Diesmal ist wohl noch alles zurück. Aber so lebendig stelle ich mir das alles vor, wie ich hier fast mit geschlossenen Augen gehe, daß ich fast heiter werde und unwillkürlich zu lächeln anfange. Ihr habt mir alle freilich auch schon mein Zimmer diesmal so mit Blumenflor geschmückt, daß es wie Frühling aussieht. Ich weiß gar nicht, wie ich Euch allen für so viel Güte und Liebe danken soll! Ich hoffe Sie nun öfters sehen zu können! Wir wollen nämlich den Besuchsmodus ändern und lieber zweimal im Monat nur für kürzere Zeit (etwa 2 Sprechstunden) uns wiedersehen. Ich werde dann wohl mehr aufleben, wenn ich kürzere Zeit allein bin. Es wurde mir diesmal etwas sauer, das Warten. Meine Nerven erholen und erlaben sich bei jedem Wiedersehen und so hoffe ich, wenn es Euch möglich wird, jeden Monat zwei Besuche zu haben. Dann hoffe ich abwechselnd Sie, Mathilde und Luise K. zu sehen und wenn Sonja von der Kur zurück ist, auch sie. Das ist freilich ein großes Opfer, das ich von Euch, meine Lieben, verlange, aber ich fühle mich manchmal ganz wund, wenn ich so lange allein bin und segne jede Minute, die ich mit Freunden verbringen kann. Näheres über die nächsten Besuche muß erst hier mit der Direktion verabredet werden. – Wie haben mich die Konzertprogramme und der Gruß Ihres Gatten gefreut! Ich habe ihn leider noch nicht zu hören Gelegenheit gehabt – in der Freiheit habe ich zum eigenen Leben so selten Zeit! aber ich stelle mir vor, daß ich in Ihrem traulichen Zimmer sitze – alle Ihre Zimmer sind mir so lieb und behaglich – in einem tiefen, weichen Lehnsessel, Sie neben mir, und wir hören den Beethoven oder Hugo Wolf. Das muß doch mal auch Wirklichkeit werden! Nur Geduld müssen wir alle haben. In der stillen, tödlichen Periode, die vor dem Ausbruch des Krieges war, war Ungeduld die höchste Tugend, leider viel zu wenig geübt. Heute müssen wir mit der Geschichte Geduld haben — ich meine nicht untätige, bequeme, fatalistische Geduld, ich meine eine solche, die bei höchster Aufbietung der Tatkraft nicht verzagt, wenn sie vorläufig auf Granit zu beißen scheint, und nie vergißt, daß der brave Maulwurf Geschichte rastlos Tag und Nacht wühlt, bis er sich ans Licht hervorgewühlt hat. Liebstes Martchen! Nun für heute Lebewohl, schreiben Sie baldigst wieder, wenn auch nur einige Zeilen. *Wie es Ihnen geht,* möcht ich bald hören. Herzlichst umarme ich Sie und grüße vielmals die Ihrigen und Kurtchen mit Frau.

Ihre Rosa.

20.

Wronke, April 1917.

Mein liebes Martchen! Vielen Dank für Ihre herzliche Karte. Auch mir war Ihr Besuch hier eine körperliche und geistige Erfrischung, von der ich jetzt noch zehre. So viel Liebe und Güte, wie Sie ausstrahlen, muß ja jeden erwärmen. Es ging auch diesmal alles viel netter und »menschlicher«, als ich gefürchtet hatte, und ich hoffe, das nächste Mal, wenn Sie hier sind, wird es noch besser gehen. Im übrigen lebe ich immer weiter in gleicher Weise: auf den Spaziergängen in dem häßlichen Gefängnishof träume ich mir etwas Schönes so intensiv, daß ich gar nicht die Umgebung merke, und die übrige Zeit in der Zelle lese und arbeite ich die ganze Zeit in ruhiger Stimmung. Seit einer Woche etwa sind natürlich alle meine Gedanken in Petersburg, und ich greife mit ungeduldiger Hand jeden Morgen und Abend zu frischen Zeitungen, aber die Nachrichten sind leider knapp und konfus. Auf dauernden Erfolg ist ja dort nicht zu rechnen, aber auf jeden Fall ist schon der Anlauf selbst zur Machtergreifung dort ein Faustschlag ins Gesicht der hiesigen Sozd. und der ganzen schlummernden Internationale. Kautsky allerdings weiß nichts besseres, als statistisch zu beweisen, daß die sozialen Verhältnisse Rußlands für die Diktatur des Proletariats noch nicht reif sind! Ein würdiger »Theoretiker« der Unabh. Soz. P.! Er hat vergessen, daß »statistisch« Frankreich im Jahre 1789 und auch 1793 noch viel weniger reif war zur Herrschaft der Bourgeoisie... Zum Glück geht die Geschichte schon längst nicht nach Kautskys theoretischen Rezepten, also hoffen wir das Beste.

Was lesen Sie jetzt? Was schreiben Sie? (Denken Sie, meine Schuhe habe ich noch immer nicht zurück!... Eine lustige Geschichte.) Liebes Martchen, bleiben Sie frisch und munter und haben Sie nochmals Dank für alles. Notabene: die hiesige Frau Oberin ist von Ihnen begeistert. Schreiben Sie wieder einmal eine Zeile (ohne auf dieses Brieflein Bezug zu nehmen). Ich umarme Sie herzlich und grüße vielmals Ihren Gatten und Frl. Ännchen auch Veilchen.

Ihre R.

21.

Ansichtskarte, Poststempel Wronke, 14. 4. 17.

Mein liebes Martchen! Vielen Dank für die zwei Blumensendungen! Die erste kam ganz pünktlich zum Osterfest und ganz frisch. Es war darunter ein Pflänzlein, das ich zum ersten Mal in Natura hatte: die Stechwinde. Auch die Leberblümchen haben mich herzlich erfreut. Die zweite Sendung kam etwas müde an, hat sich aber im Wasser schön erholt. Ich hatte wunderschöne Osterfeiertage. Sie hoffentlich auch. Ich freue mich schon so auf unser Wiedersehen. Schreiben Sie bald eine Zeile. Ich umarme Sie vielmals und grüße herzlich Ihren Gatten.

Ihre R.

22.

Ansichtskarte, Wronke, 7. 4. 17.

Mein liebes Martchen! Heute erhielt ich Ihren Gruß aus Grunewald vom 14. Sie erwähnen meine Karte, die ich Ihnen nach Weimar schrieb, nicht, vielleicht hat sie sich verspätet. Wie beklage ich Ihre Erkältung. Sie können sich denken, wie ich mich auf Ihren Besuch freue, aber Sie sollen sich erst ordentlich erholen und bei diesem rauhen Wind nichts riskieren. Bei uns im Gärtlein sind die Knospen heute schon ganz groß. Ich habe ein so schönes goldfarbiges Federlein gefunden! Schreiben Sie, wie es Ihnen geht. Ich umarme Sie herzlich. Herzlichen Gruß für Ihren Gatten und Frl. Ännchen.

Ihre R.

23.

Wronke, 31. 5. 17.

Meine liebe Marta! Verzeihen Sie, daß ich Ihnen längere Zeit nicht direkt schrieb. Ich nehme eigentlich an, daß die Grüße, die ich an Mathilde sende, immer auch Ihnen gelten und daß sie Ihnen von mir oft berichtet. Vielen herzlichen Dank für das schöne Pfingststräußchen. Ihre Maiglöckchen sind heute noch völlig frisch und duften herrlich. Mathilde hat mir hier einen Haufen Blumen gebracht und ich habe sie heute mit heißem Bemühen gepflanzt. Eine ganze Rabatte Vergißmeinnicht und Stiefmütterchen habe ich mir angelegt und begieße sie fleißig jeden Abend. Jetzt ist hier endlich alles in voller Blüte, der Flieder sogar schon am Verblühen. Seit einigen Tagen ist es so heiß, daß ich nicht mehr den ganzen Tag im Garten sitzen kann, sondern im Zimmer in der Kühle mich verstecken muß. Sie gehen nun in den nächsten Tagen in Ferien. Meine besten Wünsche werden Sie begleiten, ich will hoffen, daß Sie viel Schönes sehen und erfrischt nach Hause zurückkehren. Leben Sie mir recht wohl und seien Sie herzlich umarmt von Ihrer R.
Ihrem Gatten und Frl. Ännchen meine besten Grüße, ebenso Veilchen.

24.

Postkarte. Wronke, 26. 6. 17.

Mein liebes Martchen, vielen herzlichen Dank für Ihren Gruß und für die Blümchen. Die roten Glöckchen waren sicher aus einem Garten: es war die Weigelia, die bei uns nicht wild wächst. Hingegen ein interessantes winziges, weißes Blümchen haben Sie sicher im Walde gepflückt. Ich freue mich sehr, daß Sie in einer so schönen Gegend sind und erhoffe davon auch für Ihre Stimmung die erwünschte Wirkung. Von Romain Rolland habe ich kürzlich erst den Johann Christoph in *Paris* gelesen. Es ist ein braves Buch von *sympathischer*

Tendenz. Aber wie alle sozialen Tendenzbücher eigentlich kein Kunstwerk, eher ein Pamphlet in belletristischer Form. – Über mich ist nichts besonderes zu berichten: alles beim alten. Ich umarme Sie herzlich und grüße bestens die Ihrigen. Ich werde mich freuen, bald wieder von Ihnen zu hören.

Ihre R.

25.

Postkarte. Wronke, 4. 7. 17.

Meine liebste Marta! Ihre zweite Blumensendung ist hier gar nicht wie Heu, sondern unvermutet frisch angelangt und stand bis gestern im Wasser auf meinem »Blumentischchen«. Ich habe daran viel Freude gehabt, nur ein rotes Blümchen hat mir viel Kopfzerbrechen gemacht, da ich es nicht festzustellen vermochte. Sie müssen immer trachten, die Blumen mitsamt den grünen Blättern zu pflücken (wenn möglich mit Wurzeln), das erleichtert sehr die Feststellung. Ich freue mich sehr, daß Ihnen und den Ihrigen der Aufenthalt in Flinsberg [1] doch wohl getan hat. Ich will Ihnen noch, bevor Sie von dort scheiden, diesen Gruß senden und hoffe, daß er rechtzeitig am Ziel anlangt. Grüßen Sie mir bestens Ihren Gatten und Kurtchens Familie und seien Sie herzlich umarmt von Ihrer R.

26.

Postkarte. Breslau, 21. 8. 17.

Mein liebes Martchen! Vielen Dank für Ihre liebe Karte hier her und namentlich für die Blumen, die ich am Sonnabend erhielt. Sie haben sich im Wasser sofort ganz erholt, stehen auf meinem Schreibtisch vor mir und erfreuen mich sehr! Ich hoffe, Sie hier nächsten Monat zu begrüßen, wenn das bloß glatter geht als mit der Erlaubnis der Sonja! Der August ist bald zu Ende, und ich habe niemanden von meinen Freunden gesehen! Schreiben Sie mir bald, wie es Ihnen geht. Ich umarme Sie herzlichst und grüße bestens Ihren Gatten, Frl. Annchen und das Veilchen.

Ihre R. L.

---

1 Kurort im Isergebirge. B. K.

Postkarte. Breslau, 1. 2. 18.

Mein liebes Martchen! Vielen herzlichen Dank für die Sendung, das Brieflein und den grünen Gruß aus Ihrem Garten. Das Sträußlein steht vor mir auf dem Schreibtisch und erfreut mich auch durch den frischen würzigen Duft der Zweige. Es hat mir sehr wohl getan zu hören, daß Sie an dem Till Ulenspiegel Gefallen finden und namentlich, daß Sie die Sprache loben. Ich halte diese Übersetzung für ein großes Kunstwerk. Ich will Ihnen meinerseits für den Gorki herzlich danken, den ich neulich zum 2. Male las und der mich tief erschüttert hat. – Meine Gedanken sind jetzt noch mehr als sonst in Berlin... Ich umarme Sie vielmals und grüße bestens die Ihrigen.

Ihre R. L.

Adressieren Sie bitte immer Kommandantur II D Karlstr.

Breslau, Februar 1918.

Mein liebes Martchen! Den Gruß habe ich empfangen, hoffe aber – wenn Herr K. erlaubt – nächstens einen Original*kuß* von Ihnen zu kriegen. Sie schreiben mir viel zu elegisch! Trotz allem soll man nicht hoffnungslos sein. *Lachen* Sie über den ganzen Jammer: er ist eben so groß, daß die Geschichte sich schon selbst auf die Beine machen muß, um ihn wegzuräumen. Und das *wird* sie, seien Sie unbesorgt! Die Geschichte allein weiß immer Rat für ihre eigenen Sorgen und sie hat schon manchen Misthaufen in die Luft gesprengt, der ihr im Wege stand. Sie wird's auch diesmal schaffen. Je hoffnungsloser es aussieht, um so gründlicher wird dann die Säuberung sein. – Also trotz alledem guten Mut und Kopf oben behalten! Martchen, ich habe eine Bitte: Sie müssen so viel wie möglich für Sonja tun. Sie braucht Wärme und Güte, braucht Gesellschaft und Sorge. Übertragen Sie einen Teil Ihrer Liebe für *mich* auf die arme Sonja. Vor allem sehen Sie zu, daß ihr Geburtstag möglichst gefeiert wird, sie ist wie ein Kind empfindlich. Nehmen Sie sie oft zu sich und gehen Sie mit ihr spazieren (was *Ihnen* auch wohltun wird). Aber mich müssen Sie trotzdem noch lieb behalten! Ich umarme Sie vielmals und grüße bestens unser Veilchen sowie die Ihrigen.

Ihre R.

28. 2. 18.

Mein liebes Martchen! Ich weiß nicht, ob meine Zeilen rechtzeitig in Ihre Hände gelangen, will Ihnen aber meinen herzlichsten Geburtstagsgruß senden in der Hoffnung, nicht zu spät zu kommen. Ihr herrlicher Fliederbaum blüht bei mir immer noch aus Leibeskräften und füllt die Zelle mit Frühlingsduft – das war wirklich eine unerhörte Verschwendung. Vielleicht werden wir wenigstens im nächsten Jahr um diese Zeit zusammen sein, ob freilich die Welt alsdann so aussieht, daß man daran Freude haben kann, weiß ich nicht...

Sie lesen also jetzt viel französisch, Maupassant und Balzac. Ich kenne diese beiden längst, gestehe aber leider, daß sie nicht ganz mein Fall sind. Aber natürlich muß man sie gelesen haben. Was besonders wertvoll ist, das ist die »Germinie Lacerteux«. Lassen Sie sich das von Sonja geben. Verschaffen Sie sich gelegentlich »Unerfüllte Geschichten« von Hans Bartsch, darin ist eine sehr schöne Beethovengeschichte, ich habe sie neulich zufällig gelesen. Nun noch einmal alles Schöne und Gute. Und einen herzhaften Kuß von Ihrer R. L.
Ihrem Gatten und Frl. Annchen meine besten Grüße.

30.

Ansichtskarte, Breslau, 11. 3. 18.

Mein liebes, liebes Martchen! Vielen herzlichen Dank für Ihr duftendes Geschenk und Ihre lieben Zeilen. So wenig es war, es strömte mir doch Ihre gewohnte Herzenswärme daraus entgegen. Mit Frau Luise freuen wir uns sehr und ich hoffe, sie wird keine Enttäuschung erleben. Das Wetter wird sich auch hoffentlich noch bessern, was sehr zu wünschen wäre. Ich komme noch mit einer Bitte, Martchen: am 14. pilgern Sie sicher nach Steglitz; vergessen Sie nicht, auch von mir einen schönen Hyazinthenstock der Frau Eva zu Füßen zu legen, ja? Dank im voraus. Auf den April freue ich mich auch schon riesig. Einstweilen umarme ich Sie herzlich und grüße vielmals die Ihrigen.

Ihre R. L.

Martchen, ich habe mich schändlich verspätet, aber ich rechnete auf Februar 31 Tage.

Postkarte, Breslau, 21. 7. 18.

Mein liebes Martchen! Wie lange habe ich schon von Ihnen nichts gehört. Ich sehne mich nach einem herzhaften Gruß von Ihnen. Es ist wahr, auch ich habe lange kein Lebenszeichen gegeben, aber ich habe in der letzten Zeit so viel Schreiberei wegen meines Korolenko-Buches mit dem Verleger, daß ich mich mit sonstigem Briefwechsel äußerst einschränken muß. Doch das ist bald überstanden, und ich hoffe, nächstens wieder öfters zu hören, wie es Ihnen geht. Was ist aus Ihrer Reise nach Wien geworden? Wie ist Ihre Gesundheit? Wie geht es Ihrem Gatten, Frl. Annchen und Frl. Mathilde? Schreiben Sie mir auch bitte, ob Sie öfters unseren alten Herrn [1] sehen und wie sein Befinden ist. Er schreibt äußerst selten und wenig freudig. Allerdings ist auch herzlich wenig Ursache dazu. Trotzdem aber hätte ich gerne gehört, daß Sie so frisch und mutig sind, wie ich es Ihnen von Herzen wünsche. Ihre stets mit vielen herzlichen Grüßen

Rosa L.

Postkarte, Breslau, 12. 8. 18.

Mein liebes Martchen! Ich denke, daß Sie schon in Ihrem Heim zu erreichen sind und will Ihnen danken für den lieben Gruß aus Stuttgart. Ich habe mich sehr gefreut, daß Sie der Klara eine so schöne Überraschung gemacht hatten. Leider werden Sie bei Ihrem schwäbischen Idyll nicht viel Sonnenschein und heiteres Wetter genossen haben. Das war doch ein trauriger Sommer. Nun machen Sie mir Hoffnung, daß ich Sie bald sehen darf. Sie können sich denken, wie ich mich darauf freue. Wann darf ich Sie aber erwarten? Für Oktober hat sich Sonja angesagt, die schon seit Februar nicht hier war, im November aber soll ein auswärtiger Gast erscheinen; Genaueres weiß ich noch nicht. Wir müssen uns also noch über den Zeitpunkt verständigen. Schreiben Sie bald, wie Sie sich fühlen, wie es Ihnen geht. Ich umarme Sie herzlich und grüße bestens Ihren Gatten und Frl. Annchen.

Kommandantur.

Ihre R. L.

---

1 Franz Mehring. B. K.

Berlin, 4. Januar 1919.

Mein liebes, liebes Martchen! Ich sende Ihnen mit tausend Grüßen endlich die erste Nummer der »Roten Fahne« [1], um die der Kampf mich all die vergangenen Tage von Morgen bis Abend in Atem hielt. Ich habe das dringendste Bedürfnis, Sie zu sehen, zu umarmen, zu sprechen. Kurt sagte mir, Sie fühlten sich durch mich gekränkt [2]. Es war mir, wie wenn einem ein Ziegelstein auf den Kopf fällt.

Habe ich mir durch die ganze Zeit unserer Freundschaft nicht so viel Vertrauen verdient, daß Mißverständnisse ausgeschlossen sind? Es war schmerzlich. Nun, man muß auch das in Kauf nehmen; wir müssen uns sprechen und kein Schatten darf zwischen mir und meiner lieben Marta mit dem goldenen Herzen stehen. Ich versuchte, Sie gestern telephonisch zu erreichen, es ging aber nicht, später hatte ich keine freie Sekunde. Ich will sehen, ob es heute geht.

Inzwischen umarme ich Sie in alter Liebe und Treue tausendmal grüßend Sie und Ihren Gatten

Ihre Rosa L.

---

1 Es ist nicht festzustellen, was Rosa Luxemburg damit meint. Die »Rote Fahne« erschien am 9. und 10. November 1918 mit dem Untertitel »Ehemaliger Lokalanzeiger« bei Scherl, dessen Druckerei der Spartakusbund besetzt hatte. Nr. 3 erschien am 18. November als »Zentralorgan des Spartakusbundes« in der Druckerei Lehmann, Königgrätzer Str. Am 17. Dezember – mit Nr. 32 – übersiedelte die »Rote Fahne« nach Wilhelmstr. 114; ab 31. Dezember (Nr. 45) erschien sie als »Zentralorgan der Kommunistischen Partei Deutschlands (Spartakusbund)«. B. K.
2 Gemeint ist ein Artikel aus der »Roten Fahne« mit heftigem Angriff auf die USP.

An Adolf Geck

1.

Lieber Freund! Ohne Datum.

Ihr Auftrag wird von einem Steglitzer Genossen – dem nichts überflüssiges gesagt wurde – diskret ausgeführt werden. Was Sie mir von Marie [1] schreiben, tut mir aufrichtig weh. Warum kommen Sie nicht zum Mittagessen mal nach Friedenau? Wir könnten da so nett plaudern! Kommen Sie doch morgen, Dienstag. Ich bin leider erst um 1 Uhr von der Schule [2] zu Hause, aber Sie haben doch wohl nicht so große Eile nach der Schwatzbude am Brandenburger Tor [3]! Geben Sie mir Antwort morgen 10–12 telephonisch in die Schule (Amt IV, 10170), ob ich Sie erwarten soll.
Auf jeden Fall viele herzliche Grüße an Sie, Marieli und die lieben Kinder,

Ihre Rosa L.

2.

Liebe Marieli! [4] Ohne Datum.

Dank für Deinen schönen Brief. Es freute mich, aus dem heutigen Zettelchen von Adolfus [5] zu ersehen, daß Ihr alle wieder gesund seid. So bleibe es im Neuen Jahre!
Jetzt meine herzlichsten Wünsche zum Fest und Neujahr. Diefenbach, der sich als Brandels [6] Freund und – nach meinen Erzählungen – Freund Eures Hauses

---

1 Adolf Gecks Frau; sie war schwer krank.
2 Parteischule.
3 Reichstag.
4 Frau Marie Geck.
5 Adolf Geck.
6 Brandel Geck, Adolfs Sohn.

betrachtet, schickt mit mir zusammen eine Kleinigkeit, damit Du den Kindern was dafür kaufst. Sei so lieb und übernimm diese Mühe.

Ich werde wahrscheinlich zu Feiertagen verreisen, und jetzt gibt es viel zu tun bis zum letzten Moment. Die Nachrichten von der festen Haltung unserer Freunde Remmele, Zumtobel u. a. machen mir viel Freude. Ich hoffe auf weiteres Gelingen.

Nun muß ich für diesmal schließen. Ich grüße Euch alle vielmals herzlich. Fröhliche Feiertage! Seid munter und guter Dinge.

Eure Rosa L.

3.

Lieber Brandel!   Ohne Datum.

Anbei der schwarze Herr [1] retour; er hat mir viel Vergnügen gewährt und ich zweifle nicht, daß er bald »schwarz auf weiß« erscheint. Da ich nicht wußte, an welche Redaktion Du Dein schwarzes Musenkind senden willst, auch nicht in Deinem Namen handeln wollte, so schicke ich Dir das Manuskript zurück, damit Du es selbst der Redaktion einsendest. Ich denke, Du schickst es wieder an die »Gleichheit«. Klara ist ja schon fort, sonst hätte ich es ihr gezeigt.

Und nun fleißig weitergeschrieben! Grüß mir herzlich Dein Mutterle und Eure ganze Gens.

Deine Rosa L.

4.

Berlin Hotel Moltke   18. 11. 18.
(Meine jetzige Adresse)

Meine teuren, geliebten, herzinnigen Freunde!

Eben erhalte ich über Breslau das furchtbare schwarze Couvert [2]. Mir zitterte schon die Hand und das Herz, als ich die Schrift und den Stempel sah, doch hoffte ich noch, das Schrecklichste würde nicht Wahrheit sein. Ich kann es nicht

---

[1] Vermutlich ein literarischer Versuch des jungen Geck.
[2] Die Todesnachricht von Gecks Sohn Brandel, der am 25. Oktober, also kurz vor Abschluß des Waffenstillstands, in den Vogesen fiel.

fassen und Tränen hindern mich am Schreiben. Was Ihr durchmacht, ich weiß es, ich fühle es, wir wissen den furchtbaren Schlag alle zu ermessen. Ich habe so unendlich viel von ihm für die Partei, für die Menschheit erwartet. Mit den Zähnen möchte man knirschen. Ich möchte Euch helfen und doch gibt es keine Hilfe, keinen Trost. Ihr Lieben, laßt Euch nicht durch Schmerz überwältigen, laßt die Sonne, die in Eurem Hause immer strahlt, nicht hinter diesem Entsetzlichen verschwinden. Wir alle stehen unter dem blinden Schicksal, mich tröstet nur der grimmige Gedanke, daß ich doch auch vielleicht bald ins Jenseits befördert werde – vielleicht durch eine Kugel der Gegenrevolution, die von allen Seiten lauert. Aber solange ich lebe, bleibe ich Euch in wärmster, treuester, innigster Liebe verbunden und will mit Euch jedes Leid, jeden Schmerz teilen.

Tausend Grüße
Eure Rosa L.

Mein herzlichstes Beileid und viele beste Grüße Ihr

K. Liebknecht.

An Gertrud Zlottko

1.

Chailly sur Clarens, 6. IV. 13.

Liebe Gertrud,

ich habe mich sehr gefreut über Ihren und Mimis Brief. Ich kam bis jetzt nicht zum Schreiben, weil ich die ganze Woche im Umherziehen war. In meiner Pension war das Zimmer noch nicht frei, ich mußte solange in verschiedenen Hotels lungern, was mich müde gemacht hat, so daß ich in den ersten Tagen hier keine Lust zum Schreiben hatte. Hier ist es herrlich, ich nehme den ganzen Tag Sonnenbäder. Die Luft ist ganz kühl und in den Bergen herum schneit es immer noch, aber die Sonne hat schon viel Kraft. Nächstens schicke ich Ihnen und Mimi etwas Blumen und Gras, soviel im Brief geht. Von der Ida hatte ich einen langen Brief, das arme Mädchen hat sich die Sache sehr zu Herzen genommen. Ich werde schließlich bezahlen, da der Kerl auf seinem Schein besteht, und mir paßt es nicht, eine Gerichtssache wegen einer Bäckerrechnung zu haben, auch wenn ich gewinne.

Wer die junge blonde Dame war, kann ich von hier nicht raten, da Sie hauptsächlich das Kleid beschreiben und junge Damen pflegen manchmal Kleider zu wechseln. Also geben Sie im nächsten Brief die Auflösung. Sollte es die Gertrud (die gemalte) sein, dann bedaure ich sehr, sie nicht gesehen zu haben.

Hoffentlich ist in Südende alles schon grün, wenn ich komme. Frau Zetkin wollte herkommen für einige Tage, bis jetzt habe ich aber noch keine Nachricht von ihr. Dafür von andern Seiten einen ganzen Segen – mit 1.50 M. Strafporto bis jetzt.

Lassen Sie sich gut gehen und schreiben Sie bald wieder. Seien Sie übrigens froh, daß Sie zum Bahnhof nicht mitkamen: es war dort ein solches Gedränge, daß die ganze Zeit mit Platzsuchen und gegenseitigem Suchen verging, es reichte nur knapp die Zeit, um noch einige schlechte Witze einander zu sagen.

Meiner kleinen Mimi viele Küsse; sie soll brav sein und den Zug meiden. Besten Gruß!

Ihre R. Luxemburg.

Einen Herrn Liebermann kenne ich nicht. Geben Sie lieber niemandem irgend eine Adresse.

2.

Postkarte mit Ansicht von Ile de Clarens et la Dent du Midi. Poststempel Clarens 10. 4. 13.

Donnerstag 10. 5 Uhr abends.

Liebe Gertrud!

Soeben habe ich Gras und Blumen abgeschickt und bin sehr gespannt, wann sie ankommen. Schreiben Sie mir genau, wann und *wie* (!) sie in Ihre Hände gelangen (das Wie kann ich mir übrigens denken). Alles heute mit heißem Bemühen selbst gepflückt. Besten Gruß Ihnen und viele Küsse für Mimi. Ist sie gesund? R. L.

3.

Postkarte mit Ansicht Ile de Salagnon et Dents du Midi. Poststempel Chailly sur Clarens 14. 4. 13. Sonntag 13.

Liebe Gertrud! Gestern kam mit Ihrem Brief zugleich Sturm, Regen, Hagel und – Schnee! Heute ist hier ein prachtvoller Wintertag, alles verschneit und die Sonne strahlt darauf. Ihr Brief hat mich sehr gefreut und die Bildchen haben mir herzliche Freude bereitet. Aber es war gar nicht recht von Ihnen, daß Sie Ihren eigenen Kopf weggeschnitten haben. Ich habe mir leider gestern arg den Magen verdorben, mußte den ganzen Tag liegen und kann heute noch nicht spazierengehen. Dafür lese ich den ganzen Tag, was auch schön ist. Die Insel auf der anderen Seite liegt direkt vor meinem Ufer, die flatternden Vögel erkennen Sie wohl? Besten Gruß R.L.

Postkarte mit farbiger Ansicht »Hayfields in July«
G. Flemwell. Poststempel Chailly sur Clarens
19. 4. 13.

Liebe Gertrud!

Das ist wohl meine letzte Nachricht von hier. Ich komme am Montag um
11 Uhr Abends am Anh. Bhf. an. Hoffentlich geht es Ihnen und Mimi recht
gut. Ich schreibe schon heute, damit Sie meine Ankunft rechtzeitig wissen. Jetzt
ist es hier wieder schön! Besten Gruß. R. L.

5.

Postkarte mit Stempel Zürich, 17. 7. 13.

Liebe Gertrud!

Ich hatte eine scheußliche Nacht in Frankfurt und kam wie gerädert hier an.
Ich stand lange am Sarge Bebels, er sah wunderbar aus, noch viel schöner wie
im Leben. Heute ist das Begräbnis. Wann ich zurückkomme, weiß ich noch
nicht, wahrscheinlich am Dienstag. Ich telegraphiere noch. Ich wohne hier mit
Frau Zetkin. Sie läßt Sie bestens grüßen. Herzl. Gruß von mir für Sie und
Mimi   R. L.

6.

Postkarte mit Stempel Stuttgart, 3. Aug. 13.

Liebe Gertrud, ich bin gestern furchtbar müde angekommen, habe mich aber
heute schon im Garten ziemlich erfrischt. Hier blüht alles wunderbar und das
Wetter ist heute prachtvoll. Ich habe schon mehrere »neue« Pflanzen hier gesehen. Eins von den hiesigen Kätzlein hat pechschwarze Junge. Hoffentlich
geht es Ihnen und Mimi gut. Schreiben Sie!

Besten Gruß Euch Beiden
R. L.

7.

Abschnitt einer Paketadresse mit Datum
Degerloch [1], 4. Aug. 13.

L. Gertrud! Anbei für Euch Beide etwas Grünes und ein Gruß aus dem Garten.
Schreiben Sie gleich, wie das angekommen ist!

Ihre R. L.

8.

Undatierter Brief in einem Kuvert ohne
Adresse, vermutlich dem unter 7 erwähnten Paket beigelegt.

Liebe Gertrud! Anbei, was ich heute zusammenraffen konnte, – lauter erst-
klassige frische Ware. Wie sie ankommen wird – das allerdings wage ich mir
nicht vorzustellen. Schreiben Sie *gleich* nach Empfang.
Und kaufen Sie mir gleich noch so ein lila Jäckchen für 2.45, denn das ist das
unentbehrlichste Kleidungsstück, das ein Mensch besitzen kann, ich beschließe
deshalb mein ganzes Leben lang ein lila Jäckchen (für 2.45) zu tragen. Ich bin
schon ganz dick, braun und rot.
Was machen Sie? Was macht mein Herzblatt Mimi? Vergessen Sie nicht, ihr
Wasser hinzustellen (zur Nacht und wenn Sie fortgehen).

Viele Grüße an Sie und Kuß an Mimi   Ihre R. L.

9.

Postkarte. Stempel Degerloch, 5. Aug. 13.

Liebe Gertrud!

Die erste Postsendung habe ich gekriegt. Heute war ich im Walde und habe
viele neue Pflanzen gefunden; wenn es irgend geht, nehme ich Proben am 9.
mit nach Berlin. Ich bin sehr begierig, wie die Schachtel angekommen ist. Hof-

---

1 Dorf in der Nähe Stuttgarts, in dem sich das Haus Klara Zetkins befand. B. K.

fentlich haben Sie sie heute schon. Gestern war es hier sehr heiß, jetzt regnet es aber und nebelt. Mir ist dabei wohler als bei der Hitze, ich kann besser arbeiten.

Viele Grüße Euch Beiden   R. L.

10.

L. Gertrud!   Postkarte. Stempel Stuttgart, 7. Aug. 13.

Ich komme am Sonnabend, Anhalter Bhf., 4⁴¹ nachmittag.

Gruß!   R. L.

11.

Postkarte. Stempel Jena, 12. 9. 13.
Jena, Hotel Kaiserhof.

Liebe Gertrud!

Ich habe das wichtigste vergessen: in meinem Briefständer auf dem Schreibtisch steckt ein Couvert mit Aufschrift (Bleistift rot oder blau) *Mandat*. Nehmen Sie das Couvert und schicken Sie's mir *sofort* her! Falls Sie's nicht fänden, telephonieren Sie an Herrn Dr. nach Schloßpark [1], damit er kommt und suchen hilft. Ich bin gut angekommen. Frau Zetkin ist hier, frug nach Ihnen und Mimi.

Schönste Grüße von uns beiden an Sie beide.   R. L.

12.

Liebe Gertrud!   Postkarte. Stempel Jena, 13. 9. 13.

Nach Halle habe ich soeben geschrieben, wollen wir's beste hoffen: es wird schon schief gehen.
Daß es Ihnen so miserabel geht, macht mich unruhig. Ich rechne auf Sonnenbäder. Schreiben Sie bald, ob es Ihnen besser geht. Und nähren Sie sich nicht von faulen Eiern, sondern von bekömmlicheren Dingen.

---

1 Leo Jogiches. B. K.

Haben Sie meine gestrige Karte wegen »Mandat« erhalten? Ich warte ungeduldig auf das wichtige Dokument.

Das Obst, das Sie mir mitgaben, ist famos, wir nähren uns beide davon mit Behagen. Kaufen Sie sich auch gleich (natürlich auf Kosten des Fiskus) denselben Wein und Pflaumen. Dank für die schöne Nelke. Frau Z. hat auch Blumen von Hause gekriegt (»auch« ist gut!). Beste Grüße an Sie und Mimi von Frau Z. und mir. Ihre R. L.

13.

Postkarte. Stempel Jena, 15. 9. 13.

Liebe »Waisen«! In aller Eile nur einen Gruß, bin beschäftigt über die Ohren. Mandat ist rechtzeitig angekommen, danke. Es regnet!! Frau Zetkin ist schon jetzt kaputt, ich habe Migräne. Im übrigen geht's mir gut. *Was macht Ihre Erkältung?* Viele Grüße an Euch beide. R. L.

14.

Postkarte. Stempel Jena, 16. 9. 13.

Liebe Gertrud! Hurra! Hurra! Hurra! Heute früh ist aus Halle meine Tasche angekommen mit vollem unberührtem Inhalt. Das ist Ihr Verdienst, denn ich hielt die Sache für verloren. Ich habe vor Freude dem Briefträger 1 M. gegeben, dem Schaffner in Halle schicke ich 3 M. Ihnen aber stifte ich zusammen mit Mimi nach der Rückkehr 5 M. zum Vernaschen. Das Wetter ist wieder schön. Heute habe ich eine Rede gehalten, die Sie in »V« [1] morgen finden. Frau Zetkin läßt Sie grüßen. Von mir an Sie und Mimi viele Grüße.

15.

Postkarte. Stempel Hanau, 25. 9. 13.

Liebe Gertrud! Ich bin gestern hier sehr, sehr müde angekommen und mußte mich sehr zusammennehmen, um Abends reden zu können. Die Versammlung verlief sehr gut. Heute geht's weiter. Danke für die Briefe und die Astern, sie

1 Vorwärts. B. K.

haben mich sehr gefreut. Ich war heute Mittag 2 Stunden allein spazieren in den Anlagen, in der Sonne. Das hat mir wohlgetan. Schön, daß Mimi so viel ißt. Wenn sie Ruß ableckt, so brauchte sie eine Magenreinigung. Ich habe schweres Kopfweh und möchte mich am liebsten ins Bett legen. Aber es hilft nichts.

Viele Grüße für Sie und Mimichen
Ihre R. L.

16.

Brief. Poststempel Frankfurt/Main, 29. 9. 13.
Firmenpapier Hotel Lindenhof Hanau a. M.
Sonntag.

Liebe Gertrud!

Ich habe heute Ihren Brief (nebst anderen) erhalten und mich sehr darüber gefreut. Ich komme nach Hause am *Mittwoch*, da ich noch 2 Versammlungen zulegen mußte. Die Stunde telegraphiere ich Ihnen noch. Gestern Abend wurde mir vor der Versammlung sehr schlecht, aber ich habe mich doch aufgerafft und gut gesprochen. Heute hatten wir um 3 Uhr Mittag im Dorf eine Versammlung, die sehr gut verlaufen ist. Noch morgen und übermorgen, dann ist die Qual überstanden. Und Donnerstag früh gehts neuneinhalb in die Parteischule . . .!
Angesichts Ihrer Wünsche betreffs den Winterhut, wollen wir den Zukunftsstaat beschleunigen. Ich habe schon die nötigen Anregungen gegeben. Also vorläufig mit vielen Grüßen für Sie und Mimi

Ihre R. L.

17.

Brief. Undatiert. Stammt zweifellos aus
der gleichen Zeit.
Adresse bleibt dieselbe.

Liebe Gertrud!

Ihr Brief und die Bildchen haben mir viel Freude gemacht. Ich behalte das Werk als mein Buchzeichen. Namentlich die »Frau aus dem Volke« ist ausgezeichnet gelungen und stimmt mich sehr lustig. Gestern ist nun die 2. Versammlung erledigt. Aber man hält mich hier so fest, daß ich noch zwei Versammlungen zulegen mußte und komme deshalb erst Mittwoch nachhause! In welchem Zustand – können Sie sich denken.

Was Mimi fehlt, weiß ich auch nicht, aber es macht mich unruhig. Geben Sie ihr nur wieder Gras. Kaufen Sie auch *Erika* für sie, das ißt sie gern (aber echte!). Die Baldriantropfen sind fast aufgebraucht. Hier ist wenigstens schönes Wetter, hoffentlich in Berlin auch. Halten Sie sich also wohl und munter und küssen Sie Mimi vielmals!

Besten Gruß Ihre R. L.

18.

Postkarte. Stempel Clarens, 10. IV. 14.

Liebe Gertrud!

Seit gestern bin ich nun endlich eingerichtet. Ich habe ein Zimmer mit Balkon und Aussicht auf den See. Das Wetter war hier – wie man mir sagt – bis gestern scheußlich, kalt und regnerisch. Von gestern ab aber ist es herrlich, die Sonne brennt und mein alter Strohhut kommt zu Ehren. Heute fand ich schon auf der Wiese und in den Weinbergen alle alten Bekannten – ich schicke sie nächstens in einer Schachtel für Sie und Mimi. An Strafporto habe ich Gott sei Dank heute früh schon 80 Pf. bezahlt – lauter Berliner Briefe mit 5 Pf. Wenn das so weiter geht, komme ich ohne Stiefel heim. Die Amseln machten hier einen unverschämten Lärm – genau wie in Südende. Was machen Sie und was treibt meine kleine Mimi? Sie hatte schlimme Äuglein, nehmen Sie sich in Acht beim »großen Reinemachen«, daß Sie nicht in Zug kommt.

Viele Grüße Ihre R. L. Für Mimi ein Kuß.

Ist das Buch gekommen?

Königl. Frauengefängnis
Barnimstraße 10.
25. 5. 15.

Liebe Gertrud!

Ihr Brief und die Bilder haben mich sehr gefreut. Namentlich das Interieur.
Das ist ein entschiedener Fortschritt! Zwar läuft der Raum, wenn man
zurücktritt, mit Galopp in die Tiefe, und da vom Tisch, der ja wohl in der
Mitte steht, zum Zuschauer noch einmal so ein Raum geht, so entspricht das
Zimmer ungefähr dem Innern der Petrikirche in Rom. Auch müßte die Mimi,
um auf solche Distanz vom andern Ende des Zimmers so groß auszusehen,
ungefähr wie ein junger Eisbär sein. Aber das macht nichts, Ihr Fehler ist
gerade hier eine Tugend; was sonst dem Maler das Schwierigste ist: die Tiefe,
das überwinden Sie gleich so im Sturm, daß Sie wie ein guter Renner übers
Ziel schießen bis Sie auf der Nase liegen. Stöhnen Sie nur nicht gleich über
das »Veräppeln«, Sie wissen ja, wie ich's meine. Im Ernst: das Bildchen ist
ausgezeichnet, hat Tiefe, Licht und was die Hauptsache: gute, strenge Zeichnung. Ich freue mich darüber und sende Ihnen zur Feier des neuen Genre
(sprich: Schaner) in Ihrer Kunst 10 Em, die Sie aber nicht vernaschen sollen.
Immerhin werde ich mich hüten, das Bildchen der Steuerbehörde in die Finger
kommen zu lassen, denn sonst kriege ich sofort den verdoppelten Steuersatz.
Auch rang sich beim Anblick dieser wundervollen Sauberkeit und des blitz-
blanken Parketts ein ganz leiser zitternder Seufzer aus meiner Brust ...
Vielen Dank übrigens für die schöne Standuhr auf dem Bücherschrank, gerade
eine solche fehlte mir schon lange. Am vortrefflichsten getroffen ist aber das
Bällchen von Mimi, genau so wie in meinem Portrait von Dr. Diefenbach der
Knopf am besten getroffen war. – Die beiden Landschaften sind diesmal weniger gelungen; das dunkle mit Gewitterluft ist etwas gequält geraten, hat
keinen Schmiß, wie Ihre sonstigen; das helle ist gut, aber scheint mir etwas
unbedeutend. Sie waren wohl bei beiden nicht in Stimmung. Das hat natürlich nichts zu sagen und andere konnten Ihnen in derselben Zeit vorzüglich
gelingen. Warum zeichnen Sie keine Bäume, wie wir schon mehrmals bespra-
chen? Jetzt haben Sie ja mehr Zeit und für die Landschaft wird Ihnen
ordentliche Zeichnung sehr nützen.
Nun komme ich zu Ihrem Brief. Dieser verzagende Ton hat mir wirklich
keine Freude gemacht. Jetzt schon diese vergrämte Nörgelei über die Not
der künftigen Kinder, die noch die Nasenspitze nicht in die Welt gesetzt

haben? Pfui, Gertrud, das hat doch gar keinen Zweck. Lustig lieb ich meine Spanier. Man soll arbeiten und tun, was man kann, im übrigen aber alles leicht und mit gutem Humor nehmen. Mit innerer Säure wird das Leben gewiß nicht besser. Übrigens lassen Sie mal erst den verflixten Krieg zu Ende sein, dann wird sich noch verschiedenes wenden. Wenn ich wieder heraus bin, wenn Herr Diefenbach zurück ist und andere, dann werden wir doch auch für Sie was machen, Ihnen irgendeine passende Arbeit verschaffen können, die Sie neben Ihren »Mutterpflichten« (die Ihnen schon Sorgen machen) erledigen können. – Es freut mich, daß Sie weiter botanisieren. Ich werde Ihnen einen Pflanzenatlas schicken lassen. Die Proben, die Sie mir geschickt haben, habe ich alle vorsichtig in mein Heft übertragen. Die gelbe Blume war aber keine Calta palustris (Sumpfdotterblume), diese hat große *runde* Blätter, sondern es war der »brennende Hahnenfuß« (Ranunculus flammula). Ich habe von Frl. Jacob ein reizendes Bild von unserer Mimi gekriegt, wie sie in den Armen eines jungen Offiziers liegt und ihn natürlich kratzen will. – Also nochmals, Gertrud: Kopf hoch und nicht den Mut verlieren, es wird schon schief gehen. Malen Sie fleißig, versuchen Sie mal das Innere einer Kirche (ich meine es ganz ernst). Hoffentlich haben Sie das herrliche Pfingstwetter genossen.

Mit vielen Grüßen
Ihre R. L.

Für Frau Goede lege ich eine Zeile bei. Die Karte mit den Gänsen hat mich sehr gefreut.

7. 8. 15

Liebe Gertrud,

Sie haben mir mit der kleinen Sendung
viel Freude gemacht, ebenso wie mit
den 3 kleinen Bildchen, die früher gekommen sind. Ich freue mich vor allem,
dass sie fleissig malen u. Fortschritte machen. Von der Mappe sind drei Bilder
(das blaue Stück Fluss oder Kanal, das
flache Strand mit den zwei Sandzungen
u die Waldpartie mit dem goldiglenchtenden
Himmel) sehr apt; am besten jedoch gefällt mir eins von den winzigen Bildchen: das Graue mit d. Fischerbuben; ich
finde es ausgezeichnet. So sehr ärmer
bitt heut, werde ich nächstens mal diese
Bildchen sowie vielleicht das von
unserem Ingenieur an Herrn d. Diefenbach
schicken (der mir verbal schrieb), um
ihm einen Rippenstoss zu geben. – Aber
Sie schreiben ja gar nicht was Sie trei-

Tintenstift-Zensurvermerk: T

7. 8. 15.

Liebe Gertrud!

Sie haben mir mit der schönen Sendung viel Freude gemacht, ebenso wie mit den 3 kleinen Bildchen, die früher gekommen sind. Ich freue mich vor allem, daß Sie fleißig malen und Fortschritte machen. Von der Mappe sind 3 Bilder (Das blaue Stück Fluß oder Kanal, der flache Strand mit den 2 Landzungen und die Waldpartie mit dem goldigleuchtenden Himmel) sehr gut; am besten jedoch gefällt mir eins von den winzigen Bildchen: das graue mit d. Fischer-buben; ich finde es ausgezeichnet. So sehr es mir leid tut, werde ich nächstens mal dieses Bildchen sowie vielleicht das von unserm Eßzimmer an Herrn Dr. Diefenbach schicken (der mir neulich schrieb), um ihm einen Rippenstoß zu geben. – Aber Sie schreiben ja gar nicht, was Sie treiben und wie es Ihnen geht. Ich fürchte, daß Sie immer noch in der Luft hängen und ich kann von hier so gar nichts für Sie tun! Ich bleibe aber dabei: Sie sollten immerhin Maschinenschreiben und – wenn irgend möglich – Buchhaltung lernen. Jetzt und nach dem Kriege werden Damen viel mehr beschäftigt als früher, und eine Bureaustellung ist für Sie jedenfalls eher passend als was anderes; ich weiß bloß nicht, ob Ihre Schulter das Maschinenschreiben verträgt. Sie müßten darüber mit Frl. Jacob sprechen, die Ihnen ja in jeder Weise behilflich sein würde.

In diesem Monat ist Ihr Geburtstag, wenn ich noch recht weiß, am 14. Ich schicke Ihnen schon jetzt viele Grüße und Glückwünsche dazu, kaufen Sie sich für die Kleinigkeit, die ich Ihnen schicke, etwas nettes und nützliches. Nächstes Jahr wollen wir den Tag schöner feiern. Ihre Blumenvase mit Marias Bett-stroh, den Mahonien [1] und der glühend roten Nelke, steht auf meinem Tisch und weckt die angenehmsten Erinnerungen. Das war doch wirklich ein schöner Frühling und Sommer, wo wir vormittag mit den Riesensträußen in den Armen vom Feld zurückkehrten! Sie haben nur die Schattenbilder vergessen, mit denen wir die »Vase« ausgeschmückt hatten und die den Besuchern so imponierten! Das Bildchen am Kopf dieses Blattes zeigt Ihnen, daß ich mei-nem Lebensideal treu geblieben bin, ja, ich hänge daran mit noch mehr Sehn-sucht als je. Warten Sie, wenn dieses kleine Idyll in Erfüllung geht, dann sind auch Ihre Sorgen behoben. Sie lachen skeptisch? Daß Ihnen nur nicht passiert, wie damals bei meinem verunglückten Versuch, den Gänseschrei nach-

---

1 Johanniskraut und Berberitzen. B. K.

zumachen. Denken Sie, hier in meiner Nachbarschaft ist irgendwo auch eine Gans, ich meine: eine richtige, gefiederte Gans; und die schreit manchmal zu meinem Entzücken; leider nur zu selten. Wissen Sie, weshalb mir das so gefällt? Ich habe es jetzt raus: das Gackern der Hühner oder das Quaken der Enten das ist so ein echt hausmütterlicher sorgenvoller Laut eines alten Haustieres, aber in dem Gänseschrei da steckt noch ganz der wilde ungezähmte Vogel, der nach dem Süden zieht über Winter, da ist noch trotziger Hochflug drin, das gegenseitige Locken über weite Fernen; wahrhaftig, wenn ich diesen unartikulierten Gänseschrei höre, da zuckt in mir alles vor Sehnsucht nach – was weiß ich nach was, einfach nach der Ferne, nach der Welt. Himmelkreuzhageldonnerwetter! wenn ich so weit weitweg fliegen könnte wie eine Wildgans! Ich würde Sie gleich mitnehmen. Bis zu diesem Gänseflug leben Sie recht wohl und behalten Sie den Kopf oben. Aber Gertrud, vergessen Sie auch nicht, daß ein Maler nicht bloß malen, sondern viel *lesen* muß, um vorwärts zu kommen. Bücher können Sie ja von Frl. Jacob aus meiner und aus ihrer Bibliothek immer haben. Lesen Sie denn überhaupt? U. A. w. g. – Von Mimi höre ich lauter Lob und Entzücken. Der hiesige Kater ist ein Lump und jagt immerzu Spatzen. Herzl. Grüße

Ihre R. L.

21.

Tintenstift-Zensurvermerk: T

Am Briefkopf ein stark beschädigtes Abziehbild »Schädlinge des Obst- und Gemüsebaus«,
21. 12. 15.

Liebe Gertrud!

Ihr Gruß mit den Abziehbildern hat mich sehr gefreut. Wie Sie sehen, habe ich's in ihrer Verwendung schon zur Tadellosigkeit gebracht. Es geht mir gut und ich hoffe in 2 Monaten nach Hause zu kommen, obwohl ein neuer Prozeß, der mir bevorsteht, dies noch nicht völlig sicher macht. Von Mimi höre ich nur erfreuliche Nachrichten, sie hat sich an Fräulein Jacob mit ganzer Seele angeschlossen. Hoffentlich geht es Ihnen gut. Ich sende Ihnen einen herzlichen Weihnachtsgruß und Neujahrswunsch!
Fröhliches Fest und auf Wiedersehen.

Ihre R. Luxemburg.

Tintenstift-Zensurvermerk: T

Postkarte undatiert. Stempel Berlin C 25, 7. 2. 16.

Liebe Gertrud! Aus Ihrem schönen Plan kann leider nichts werden. Wenn Sie mich in Südende besuchen, werde ich Ihnen erzählen, weshalb. Meine neue Telephonnummer (die ich selbst noch nicht weiß) können Sie bei Frl. Jacob erfragen. – Daß Sie Geige spielen, ist ja eine große Neuigkeit. Bringen Sie sie mit, wenn Sie zu mir kommen. Botanisieren wollen wir jedenfalls fleißig, wenn meine »Umstände« dies nur gestatten. Und ins Friedrich-Museum will ich mit Ihnen auch mal gehen. Musik ist schön, aber mir wäre lieber, wenn Sie sich ein wenig auf die Malerei konzentrieren würden. Haben Sie wieder von Herrn D. gehört? Aber ich erfahre ja das Alles bald ausführlich. Alle machen mir schon gruselig vor den Wirtschaftszuständen, die ich vorfinden werde. Na denn is ja jut. Ich muß Ihnen noch danken für die kleinen Neujahrsbildchen, aber mit den früheren können sie sich natürlich nicht vergleichen, das wissen Sie selbst.
Besten Gruß inzwischen

Ihre R. L.

Zensurvermerk gel. 11. 6. 18.
S. Oberlt.

Breslau, 10. 6. 18.

Liebe Gertrud, ich habe Ihren Brief erhalten und mich gefreut, von Ihnen wieder einmal was zu hören. Ihre bitteren Klagen über die Vernachlässigung meinerseits sind nicht ganz zutreffend; ich bin nicht in der Lage, so viel zu schreiben, wie ich sonst möchte, und muß mich auf das Notwendigste beschränken. Ihr Bildchen mit den Gänsen hat mich sehr erfreut und ich ließ Ihnen das seinerzeit gelegentlich ausrichten. Hoffentlich machen Sie auch weiter Fortschritte.
Was Sie mir über die Verwandlung in Südende berichten, ist wenig erfreulich; ich freute mich in Gedanken immer wieder auf meine täglichen Spaziergänge im Südender Feld, nun werde ich wohl weitere Touren machen müssen, wenn

das nächste Feld, das ich so liebte, durch Lauben mit Beschlag belegt ist. Auch die Amsel auf dem Dach des Eckhauses habe ich durchaus nicht vergessen, ich denke an sie oft, da mich eine Amsel, die hier auf dem Männergefängnis gegenüber viel singt, lebhaft an meine Südender Nachbarin erinnert.

Sie beschreiben Himmel und Erde in Südende, berichten aber gar nicht über Ihre persönlichen Angelegenheiten: welche Beschäftigung Sie haben, ob Sie sich dabei gut stehen, was mich natürlich lebhaft interessiert. Ich hoffe, daß Sie jetzt materiell keine Not leiden dank der Güte meines unvergeßlichen Freundes Dr. Diefenbach, und es wunderte mich, daß Sie der Sache kein Wort Erwähnung tun; Ihre Adresse habe ich dem Rechtsanwalt in Stuttgart schon im Februar oder März gegeben.

Nun lassen Sie sich recht gut gehen und seien Sie bestens gegrüßt von Ihrer

R. Luxemburg.

24.

Brief undatiert, wahrscheinlich Weihnachten 1913.

Liebe Gertrud!

Ich wollte Ihnen das Christkindlein selbst geben, aber ich muß plötzlich nach Stuttgart. Also fröhliches Fest, glückliches Neujahr und bald auf Wiedersehen!

In Eile Ihre R. L.

Mimi war selig über Ihre Geschenke, beschnupperte alles, schnurrte, wollte von allem essen und spielte wie toll mit dem Bällchen.

25.

Brief undatiert.

Liebe Gertrud!

Anbei endlich die Abmeldung. Hoffentlich geht es Ihnen recht gut. Hier alles beim alten. Mimi sendet viele Grüße, desgleichen

Ihre Dr. R. Luxemburg.

An Mathilde Jacob[1]

Berlin, Barnimstraße.
Weibergefängnis.
Freitag, 9. April 15.

Meine Liebe!

Hoffentlich kriegen Sie diese Zeilen noch zum Sonntagsgruß, was mein Wunsch ist. Vielen herzlichen Dank für Ihre Briefe, die ich mehrmals lese und die mir viel Heiterkeit bringen. Heute kam der zweite (aus Jena, wo mir Ihr Hotel unbekannt ist) mit den schönen Einlagen. Mimis Bild hat mich schrecklich gefreut, ich muß immer lachen, wenn ich es anschaue; diese Szenen ihrer Wildheit, wenn jemand einen »Annäherungsversuch« unternimmt, habe ich so oft erlebt, daß ich sie fast knurren höre bei dem Anblick des Bildchens. Es ist vorzüglich gelungen; und auch für den jungen Arzt, der so viel Interesse meiner Mimi erweist, habe ich von vornherein die lebhafteste Sympathie. Für die Blumen einen ganz besonderen Dank. Sie wissen gar nicht, welche Wohltat Sie mir damit erweisen. Ich kann nämlich wieder botanisieren, was meine Leidenschaft und beste Erholung nach der Arbeit ist. Ich weiß nicht, ob ich Ihnen meine Botanisierhefte schon gezeigt habe, in denen ich vom Mai 1913 an etwa 250 Pflanzen eingetragen habe – alle prächtig erhalten. Ich habe sie alle hier, ebenso wie meine verschiedene Atlanten, und nun kann ich ein neues Heft anlegen, speziell für die »Barnimstraße«. Gerade alle die Blümchen, die Sie mir geschickt haben, hatte ich noch nicht, und nun habe ich sie ins Heft gebracht. Besonders freut mich der Goldstern (das gelbe Blümchen im ersten Brief) und die Kuhschelle, da man dergleichen hier bei Berlin nicht findet. Auch die zwei Efeublätter der Frau v. Stein sind verewigt, – richtig hatte ich Efeu noch nicht drin (Hedera Helix auf Latein); ihre Abstammung freut mich doppelt. Außer dem Leberblümchen waren alle Blumen

---

1 Aus der Wiener »Arbeiter-Zeitung«, 28. Dezember 1924 (und der »Briefe an Mathilde Jacob u. a.«, herausgegeben von Narihiko Ito, Tokio 1972).

sehr ordentlich gepreßt, was beim Botanisieren wichtig ist. Ich freue mich für Sie, daß Sie so viel sehen; für mich wäre das eine Strafe, wenn ich Museen und dergleichen besuchen müßte. Ich kriege dabei gleich Migräne und bin wie gerädert. Für mich besteht die einzige Erholung im Schlendern und Liegen im Grase, in der Sonne, wobei ich die winzigsten Käfer beobachte oder auf die Wolken gaffe. Dies ad notam für den Fall unserer künftigen gemeinsamen Reise. Ich würde Sie nicht im geringsten stören, alles zu besuchen, was Sie interessiert, aber mich müßten Sie entschuldigen. Sie vereinigen freilich beides, was ja am richtigsten ist.

Ein Bild der Lady Hamilton habe ich gesehen in der Ausstellung der Franzosen des achtzehnten Jahrhunderts; ich weiß nicht mehr, wie der Maler hieß, habe nur die Erinnerung einer kräftigen und grellen Mache, einer robusten, herausfordernden Schönheit, die mich kalt ließ. Mein Geschmack sind etwas feinere Frauentypen. Ich sehe noch lebhaft in derselben Ausstellung das Bild der Madame de Lavallière, von der Lebrun gemalt, in silbergrauem Ton, was zu dem durchsichtigen Gesicht, den blauen Augen und dem hellen Kleid wunderbar stand. Ich konnte mich kaum trennen von dem Bilde, in dem das ganze Raffinement des vorrevolutionären Frankreichs, eine echte aristokratische Kultur mit einem leichten Anflug von Verwesung verkörpert war.

Fein, daß Sie Engels Bauernkrieg lesen. Haben Sie den Zimmermannschen schon durch? Engels gibt eigentlich keine Geschichte, sondern bloß eine kritische Philosophie des Bauernkrieges; das nahrhafte Fleisch der Tatsachen gibt Zimmermann. Wenn ich in Württemberg durch die schläfrigen Dörfer, zwischen den duftenden Misthaufen fahre und die zischenden Gänse mit langen Hälsen unwillig dem Auto weichen, während die hoffnungsvolle Dorfjugend einem Schimpfworte nachruft, kann ich mir nie vorstellen, daß einmal in denselben Dörfern Weltgeschichte mit dröhnendem Schritt ging und dramatische Gestalten sich tummelten.

Ich lese zur Erholung die geologische Geschichte Deutschlands. Denken Sie, daß man in Tonplatten aus der algonkischen Periode, das heißt aus der ältesten Zeit der Erdgeschichte, bevor noch jegliche Spur organischen Lebens war, also vor ungezählten Jahrmillionen, daß man in solchen Platten in Schweden Abdrücke von Tropfen eines kurzen Platzregens findet! Wie auf mich dieser ferne Gruß der Urzeiten magisch wirkt, kann ich Ihnen nicht sagen. Nichts lese ich mit solcher Spannung wie Geologie.

Zur Frau v. Stein übrigens, bei aller Pietät für Ihre Efeublätter, Gott straf' mich, aber sie war eine Kuh. Sie hat sich nämlich, als Goethe ihr den Laufpaß gab, wie eine keifende Waschfrau benommen, und ich bleibe dabei, daß der Charakter einer Frau sich zeigt, nicht wo die Liebe beginnt, sondern wo sie endet. Von allen Dulcineen Goethes gefällt mir auch nur die feine, zurückhaltende Marianne v. Willemer, die »Suleika« des Westöstlichen Divans. – Ich bin heilfroh, daß Sie sich erholen, Sie hatten es nötig! Mir geht es sehr gut.

Herzliche Grüße

Ihre
R. L.

Anhang

1.

Undatiert.
Vermutlich aus der Schweiz 1908.

An Luise Kautsky.

Liebste Luise, ich habe mich furchtbar gefreut, daß Du die Revue so fein geschrieben hast, L.[1] gehört nicht zu denen, die Komplimente sagen, ohne an sie zu glauben. Ich erwartete übrigens nichts anderes.
Die Karte von Trotzki war leider für Pr.[2] und zwar in einer dringenden Angelegenheit, nun ist's vorbei. Schicke sie ihm, denn ich weiß seine Adresse nicht auswendig.
Gestern haben wir einen wundervollen Marsch von vier Stunden durch eine Schlucht gemacht, Karl hat die ganze Zeit gesungen und fühlte sich sehr wohl. Jetzt ist es wieder etwas trüb, morgen der letzte Tag.

Viele Küsse Deine R.

2.

Nachschrift zu einem Brief von Luise Kautsky an Minna Kautsky in Wien, Berlin, 23. April 1901.

Natürlich benutze ich die Gelegenheit, um Ihnen ein Dutzend herzliche Grüße zu schicken. Hier ist jetzt herrliches Wetter und alles grünt und knospt. Wir

---

1 Vermutlich Leo (Jogiches). B. K.
2 Ich nehme an, daß es sich um eine Abkürzung des Titels der von Rosa Luxemburg und Jogiches herausgegebenen Zeitschrift «Przeglad Socialdemokratyczny» handelt, an der Trotzki mitarbeitete und für die Luise Kautsky die Zeitschriftenrevue besorgte. (Diesen Hinweis verdanke ich Frau Dr. N. Moszkowska.) B. K.

gehen alle übermorgen zu Fidelio, den Sie wahrscheinlich längst kennen. Wie ich Sie beneide, um das viele Reisen! Sie werden uns an den schönen Winterabenden hier viel zu erzählen haben. Also auf Wiedersehen!

Ihre stets   Rosa.

3.

Kartenbrief von Rosa Luxemburg und Luise Kautsky an Benedikt Kautsky.

Verzeih der verrückten Rosa,
wenn man nichts lesen kann.

Maderno, 5. XII. 1906.

Mon cher fils! Ta charmante lettre m'a fait beaucoup de plaisir.
Mon cher petit singe! Mon père est grand, mais ma mère est
Je suis très malheureuse que tu n'es pas avec moi; le ciel est si
allée pour l'étranger. La blouse de ta chère mère est bleue, mais
bleu, le soleil si chaud, le lac si clair ici – même plus beau qu'à
la poste de Maderno est très irrégulière. Le vent est très violent,
St. Gilgen. Aujourd'hui je fus toute seule sur une petite montagne
mais le soleil est très brûlant. L'après-midi est très chaud, mais le
où se trouve une petite église et d'où on a une très belle vue sur
soir est souvent froid. Le lac de Garda ne contient point de pêches
le lac et les montagnes; le plus haut – le monte Baldo est couvert
(lies poisson) [1]*, car le peuple des Italiens a mangé tous les pêches*
de neige. Je suis marché plus de deux heures et le chemin qui
(lies poisson) [1] *qui étaient dans le lac. Les Italiens sont très dreckig,*
conduisait en bas fut très mauvais parce que les grandes pluies
mais les habitants de Maderno sont très propres. A Berlin on
du mois passé l'avaient tout à fait détruit. J'étais très fatiguée
lave le linge dans la cuisine, mais à Maderno on le lave au bord
après mon retour. L'après-midi je fus sur le lac dans un bâteau,
du lac. Les femmes qui lavent le linge au bord du lac, se nom-
mais le vent était si fort que Rosa eut bientôt le mal du mer et il
ment en italien les lavandaie. Chaque jour il y a beaucoup de
fallait retourner. Je regrette beaucoup que vous devez être à

---

1 Das in Klammern Stehende ist in der Handschrift Luise Kautskys geschrieben.

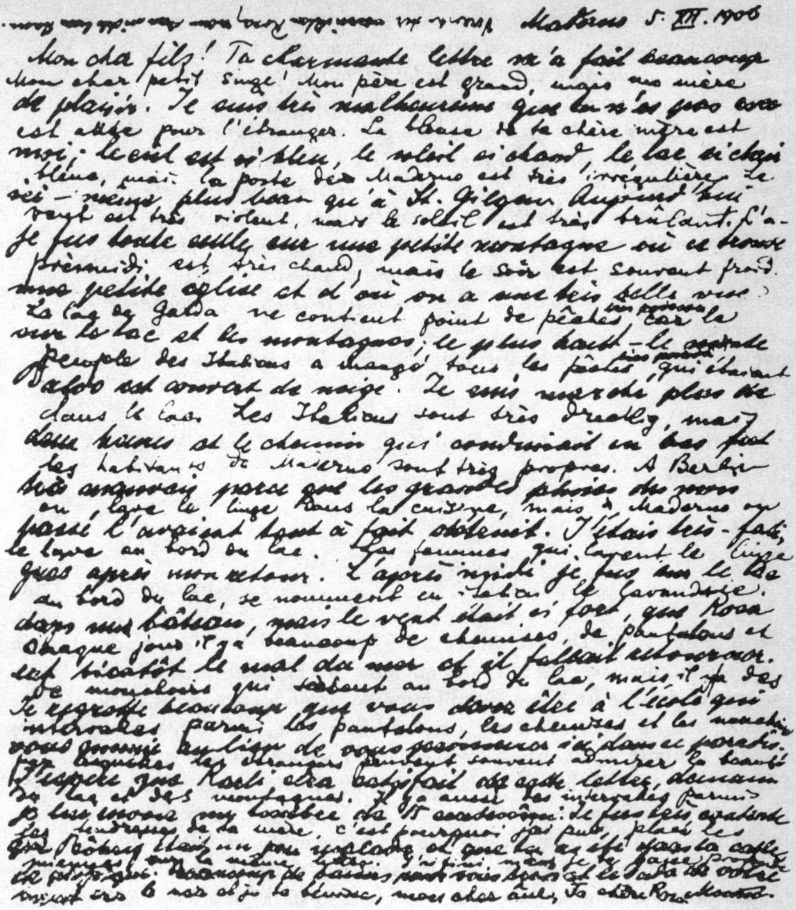

Schriftbild des gemeinsamen Kartenbriefs von Luise Kautsky und Rosa Luxemburg an Benedikt Kautsky (S. 156/58)

chemises, de pantalons et de mouchoirs qui sèchent au bord du
l'école qui vous ennuie au lieu de vous promener ici dans ce
lac, mais il y a des intervalles parmi les pantalons, les chemises
paradis. J'espère que Karli sera satisfait de cette lettre, demain
et les mouchoirs par les quelles les étrangers peuvent souvent
je lui envoie un timbre de 15 centesimi. Je fus très contente que
admirer la beauté du lac et des montagnes. Il y a aussi des inter-
Böhrig était un peu malade et que tu as été dans la salle de phy-
valles parmi les tendresses de ta mère, c'est pourquoi j'ai pu placé
sique. Beaucoup de baisers pour vous trois et le Dada de votre
les miennes sur la même lettre. J'ai fini, mais je te baise profondé-
Mummi.
ment sur le nez et je te bénisse, mon cher âne, Ta chère Rosa.

Kartenbrief von Rosa Luxemburg und Luise Kautsky an Benedikt Kautsky.
Übersetzung.

Luise Kautsky.

Maderno, 5. XII. 1906.

Mein teurer Sohn! Dein reizender Brief hat mir viel Freude gemacht. Ich bin
sehr unglücklich, daß Du nicht mit mir bist; der Himmel ist so blau, die Sonne
so warm, der See ist hier so leuchtend – sogar noch schöner als in St. Gilgen.
Heute war ich ganz allein auf einem kleinen Berg, auf dem sich eine kleine
Kirche befindet und von dem man eine sehr schöne Aussicht auf den See und
das Gebirge hat; die höchste Spitze, der Monte Baldo, ist schneebedeckt. Ich bin
mehr als zwei Stunden marschiert und der Weg, der hinunterführte, war sehr
schlecht, denn die großen Regengüsse des vorigen Monats hatten ihn ganz zerstört. Nach meiner Rückkehr war ich sehr müde. Am Nachmittag war ich in
einem Boot auf dem See, aber der Wind war so stark, daß Rosa bald seekrank
wurde und wir zurückkehren mußten. Es tut mir so leid, daß Du in der Schule
sein mußt, in der Du Dich langweilst, anstatt daß Du hier in diesem Paradies
spazierengehen kannst. Ich hoffe, daß Karli mit diesem Brief zufrieden sein
wird, morgen schicke ich ihm eine Marke von 15 Centesimi. Ich war sehr froh,
daß Böhrig [1] erkrankt war und daß Du im Physiksaal warst. Viele Küsse
Euch dreien und dem Dada von Eurer Mummi.

---

1 Mein Lateinlehrer. B. K.

Rosa Luxemburg.

Mein lieber, kleiner Affe! Mein Vater ist groß, aber meine Mutter ist ins Ausland gegangen. Die Bluse Deiner lieben Mutter ist blau, aber die Post von Maderno ist sehr unregelmäßig. Der Wind ist sehr heftig, aber die Sonne brennt sehr. Der Nachmittag ist sehr heiß, aber am Abend ist es oft kalt. Der Gardasee hat gar keine Pfirsiche [1] (lies Fische), denn die Italiener haben alle Pfirsiche (lies Fische) aufgegessen, die im See waren. Die Italiener sind sehr dreckig, aber die Bewohner von Maderno sind sehr rein. In Berlin wäscht man die Wäsche in der Küche, aber in Maderno wäscht man sie am Ufer des Sees. Die Frauen, die die Wäsche am Seeufer waschen, werden im Italienischen lavandaie [2] genannt. Jeden Tag trocknen eine Menge Hemden, Unterhosen und Taschentücher am Ufer des Sees, aber zwischen den Unterhosen, den Hemden und Taschentüchern sind Zwischenräume, durch die die Fremden oft die Schönheit des Sees und Gebirges bewundern können. Auch zwischen den Zärtlichkeiten Deiner Mutter sind Zwischenräume, darum konnte ich die meinen in denselben Brief einschieben. Ich bin am Ende und küsse Dich innigst auf die Nase und segne Dich, mein lieber Esel.

Deine liebe   Rosa.

---

1 Das in Klammern Stehende ist in der Handschrift Luise Kautskys geschrieben. Es handelt sich um eine Verwechslung der Worte la pèche (Pfirsich), pêcher (fischen) und poisson (Fisch). B. K.
2 Wäscherinnen. B. K.

Bruchstück einer Autobiographie Luise Kautskys

Es ist keine leere Formsache, wenn dieses Buch dem Andenken Rosa Luxemburgs gewidmet ist, verdankt es doch ausschließlich ihr, der großen Anregerin, sein Entstehen.

Unzählige Male hat sie mir das Versprechen zu entlocken versucht, meine Lebenserinnerungen niederzuschreiben. Alle meine Einwände, daß sie keinen Menschen interessieren würden und daß ich daher nie den Mut dazu aufbringen würde, bezeichnete sie als Kleinheitswahn und bekämpfte sie unermüdlich mit dem Argument: »Was willst Du? Wenn Du die Leser nur halb so sehr zu fesseln weißt, wie mich mit Deinen Erzählungen, so kannst Du zufrieden sein.« Und da sie wahrlich in literarischen Dingen nicht die erste beste war, so faßte ich langsam Mut und trat ihrer Idee näher. Freilich dachten wir beide uns deren Ausführung anders. Nach unser beider Wunsch sollte die Arbeit eine gemeinsame werden, insofern als Rosa, die die Anregung dazu gegeben, ihr Werden liebevoll überwachte und mich Schritt für Schritt dabei stützen wollte. Wie oft trieb sie mich dazu, endlich anzufangen, denn für sie gab es nicht hübscheres, als wenn wir auf unsern gemeinsamen Spaziergängen, Ausflügen und größeren Reisen uns in die Vergangenheit versenkten. Und in ihrem Wesen lag es, auch von dem, was für sie nach ernster Arbeit Lust und Spiel bedeutete, der Welt Kunde zu geben.

»Aus nichts schöpfen die Menschen so reiche Belehrung zugleich mit Menschenkenntnis, nichts macht ihnen so viel Vergnügen, als die Lebensschicksale anderer studieren zu können.« Die Lektüre von Biographien, besonders von Selbstbiographien, bildete eine ihrer größten Freuden. Die Übersetzung von Korolenkos Autobiographie, deren Schönheiten sie nicht müde wurde, in ihren Briefen zu rühmen und in die sie förmlich verliebt war, half ihr über ungezählte einsame Kerkerstunden hinweg.

Immer wieder ermahnte sie mich, fleißig Biographien zu lesen und mich daran zu bilden, um einst selbst in die Reihen derer zu treten, die der Welt etwas zu sagen haben. Wenn ich jetzt den Mut dazu aufbringe, so treibt mich fast mehr noch als das Verlangen nach Mitteilung meiner Erlebnisse der Wunsch, das

Vermächtnis meiner toten Freundin auszuführen und damit ihr geheiligtes Andenken zu ehren.

Ich bin im August 1864 in Wien »auf der Wieden«, wie der IV. Stadtbezirk im Volksmund heißt, geboren. Mein Geburtshaus war eines jener nur zweistöckigen schönen alten Wiener Häuser mit dicken Mauern und gewölbten Zimmern, wie sie sich in entlegenen Vorstädten heute noch vereinzelt finden. Durch ein breites zweiflügliges Tor gelangte man in einen riesigen Hof, den das Hauptgebäude umschloß und in dessen vier Ecken sich die vier Treppenaufgänge befanden. Durch ein zweites, ebenso breites Einfahrtstor ging es in einen zweiten Hof, dessen Abschluß ein wundervoller parkartiger Garten bildete. Diese Höfe waren für uns Kinder des Hauses das Paradies, das uns um so begehrenswerter erschien, als der Aufenthalt darin verboten war. Wie jedoch die meisten Verbote nur dazu erlassen sind, um umgangen zu werden, so war es auch in diesem Fall. Weder die von uns sehr gefürchtete Hausbesitzerin, eine alte, adelsstolze Dame, die auf ihren Krückstock gestützt zu den uns ungelegensten Zeiten aus versteckten Gängen oder Kellerwinkeln wie die leibhaftige Hexe im Märchen aufzutauchen pflegte und vor deren drohend geschwungenem Stock wir schleunigst Reißaus nahmen, noch die mit Stentorstimme gebrüllten Drohungen unseres Hausmeisters, dem seine Ehehälfte gellend sekundierte und der uns die ärgsten Höllenstrafen in Aussicht stellte, wenn wir uns, verstärkt durch seine eigenen sieben Rangen, jemals wieder auf dem Hofe blicken ließen, vermochten uns davon abzuhalten, immer und immer wieder den Schauplatz unserer kindlichen Spiele nach den geliebten Höfen zu verlegen. Denn war schon der vordere Hof etwas ganz Herrliches, so war der hintere Hof, wie wir ihn nannten, für uns einfach die Insel der Seligen. Bot uns schon der erste Hof stete Abwechslung, weil nicht nur immer viele Lastwagen und Fuhrleute kamen und gingen, sondern auch die Arbeiterinnen der großen im Hause befindlichen Korkstoppelfabrik [1] sich an ihren großen Sortiertischen im Freien aufhielten und für uns Kinder immer ein freundliches Wort und einen heiteren Scherz übrig hatten, und weil in einer Ecke des Hofs sich ein Milchverkauf befand, mit dessen Kunden wir gute Freundschaft hielten, während wir in der andern Ecke die höchst interessanten Vorgänge in einer Strohhutbleicherei beobachten konnten, so waren diese Genüsse doch alle nichts gegen die Freuden des »hinteren Hofes«. Dort wuchs Gras, dort waren Mäuerchen mit Stufen und Nischen, dort war, o höchstes Entzücken, ein großer Pumpbrunnen, aus dem zu schöpfen wir nie müde wurden, dort spendeten uns die alten Bäume über den Zaun hinweg ihren Schatten, dort war – was kann es herrlicheres für ein Stadtkind geben? –

---

1 Der Zufall will es, daß Adelheid Popp, die Führerin der österreichischen Arbeiterinnenbewegung, in ihren Lebenserinnerungen hierauf zu sprechen kommt, daß sie als junges Mädchen einige Jahre in dieser selben Korkenfabrik des Herrn Robert Pecker arbeitete.

der große Kuhstall des Milchhändlers, mit dessen schönen Töchtern und dessen Schweizern wir auf gutem Fuße standen und für den wir uns immer etwas zu tun machten, um unsere Daseinsberechtigung zu erweisen. Denn wenn wir auch im hintern Hofe den Augen der verschiedenen Cerberusse des Vorderhofes, zu denen sich unsere sehr energische und mundfertige Kindsfrau gesellte, etwas entzogen waren, so wußten wir doch, daß jede Minute uns die Vertreibung aus dem Paradies bringen konnte, und wollten uns dagegen schützen, indem wir unsere Unentbehrlichkeit durch kleine Handlangungen bewiesen; wir schleppten Wasser in den Stall, halfen Milchkübel reinigen, Heu abladen, machten uns bei den Pferden zu schaffen, kurz, kamen uns dabei ungemein wichtig vor, umso wichtiger und glücklicher, als über all diesem Tun und Treiben der Hauch des Verbotenen und daher etwas Geheimnisvollen lag.

Mehrere Jahre meiner frühen Kindheit, allerdings nur in der guten Jahreszeit, konnten wir uns unseres höfischen Zeitvertreibs erfreuen, doch reicht meine Erinnerung weiter zurück bis in das Alter von zwei Jahren. Und zwar sind mir manche Szenen aus dem Kriegsjahr 1866 im Gedächtnis geblieben. Man hatte uns Kinder – einen 1863 geborenen Jungen, mich und ein ganz kleines Brüderchen – mit einer alten Kindsfrau über den Sommer in die Nähe Wiens aufs Dorf geschickt und der Bauer, bei dem wir wohnten, hatte sächsische Einquartierung bekommen. Das war nun für uns Kleinen ein Hauptspaß. Den ganzen Tag trieben wir uns zwischen den Mannschaften und Pferden umher, die ihre helle Freude an den zwei lebhaften Gören hatten, uns auf die Pferde setzten, mit ihren Mordwerkzeugen spielen, in ihre Trompeten tuten und auf ihre Trommeln schlagen ließen, kurz auf alle Weise Allotria mit uns trieben, so daß uns bald die innigste Freundschaft mit diesen fremden Eroberern verband und das Scheiden von ihnen uns großes Herzeleid verursachte. So stark waren die Eindrücke dieser Zeit auf die nur Zweijährige, daß ich noch heute nur die Augen zu schließen brauche, um die ganze lebhafte Szenerie vor mir zu sehen: die freundlichen, meist blondköpfigen Soldaten, die mit allen möglichen Hantierungen beschäftigt waren, die Pferde im Hofe und im Torbogen, die beiseite gestellten blitzenden Gewehre, die dampfenden großen Speisenkessel; daß ich noch heute die sächsischen Laute der Soldaten vernehme, die mein Brüderchen »eenen butz'chen Jungen« nannten, noch heute den Zapfenstreich höre, der die kleine Schläferin aus ihrem ersten Schlaf weckte.

Dem Kriegssommer von 1866 folgten noch einige in der schönen Umgebung von Wien verbrachte. Der Frühling des Jahres 1868 brachte eine für uns Kinder ungemein wichtige Veränderung in Gestalt einer neuen Kinderfrau. Eine Schmiedstochter war sie wegen irgendwelcher Familienzwistigkeiten aus ihrer oberösterreichischen Kleinstadt zum ersten Mal nach Wien gekommen, um Stellung zu suchen, und der Zufall führte sie in unser Haus, in dem sie sich in ganz kurzer Zeit eine alles beherrschende Stellung zu schaffen wußte. Trotzdem sie sich als Provinzlerin in unserm etwa dreißig Köpfe zählenden großstädtischen Haushalt anfangs recht einsam und verloren gefühlt haben mochte, trotzdem die städtische Gottlosigkeit der bis zur Bigotterie gläubigen Katholikin ein Greuel gewesen sein muß, trotzdem das städtische Milieu an die vom Lande kommende die größten Anforderungen stellte, überwand ihre zähe Energie und ihre Intelligenz in kürzester Zeit alle diese Schwierigkeiten. Für uns Kinder war der Tag ihres Eintritts in unser Haus ein Glückstag. Meisterhaft verstand sie es, den Eifer, das Pflichtbewußtsein, den Wissensdurst, die Arbeitsfreude, die sie selbst beseelten, uns mitzuteilen, uns zu unermüdlichem Fleiß anzuspornen, uns beizubringen, daß jede Art der Arbeit eine Lust sei. Spielend brachte sie uns alles bei, so daß ich noch vor Vollendung meines vierten Lebensjahres lesen konnte und nicht müde wurde, von meiner neuen Wissenschaft Gebrauch zu machen. Sie war die geborene Pädagogin, die für die leiseste Regung der ihr anvertrauten Zöglinge

(Hier bricht das Manuskript ab.)

Rosa Luxemburg

Eine biographische Skizze

Rosa Luxemburg wurde am 5. März 1870 * in Zamość (Gouvernement Lublin) geboren. Sie war die Altersgenossin Lenins, mit dem sich ihr Lebensweg immer wieder kreuzen sollte. Wie bei ihm lag ihre revolutionäre Tätigkeit nicht in dem Milieu begründet, in dem sie aufwuchs. War Lenins Vater ein pflichteifriger Beamter in der zaristischen Schulverwaltung, so der ihre ein wohlhabender Kaufmann, in dessen Haus neben den materiellen Interessen auch die kulturellen eine bedeutsame Rolle spielten. Ebenso wie die geschäftlichen Verbindungen wiesen auch die geistigen Interessen den Vater auf den deutschen Kulturbereich, in dem sich auch die Mutter völlig zuhause fühlte. Wie in vielen jüdischen Häusern des Ostens erblickte man damals in Deutschland immer noch die geistige Heimat; während sich jedoch die meisten Juden von der slawischen Umgebung so fern hielten, wie es das räumliche Zusammenleben möglich machte, beteiligte sich Rosa Luxemburgs Vater als Liberaler ebenso am polnischen geistigen Leben wie am jüdischen.

Rosa Luxemburg war das Schoßkind der ganzen Familie, um das sich nicht nur die Eltern, sondern auch die sieben Brüder sorgten, besonders als sie schon im zartesten Alter von einem schweren Leiden befallen wurde, von dem ihr ihr Leben lang durch eine Versteifung des Hüftgelenks ein schleppender Gang verblieb. Sie war lange Zeit in einem Alter, in dem Kinder herumzutollen pflegen, ans Zimmer gefesselt und wurde dadurch schon frühzeitig auf geistige Beschäftigung hingelenkt. Sie erlernte mit fünf Jahren ohne Schwierigkeit Lesen und Schreiben, und kaum daß sie sich diese Fertigkeiten angeeignet hatte, verwendete sie sie im Umgang mit ihrer Umgebung in einer Weise, die ihre späteren Charaktereigenschaften als Lehrerin und Lenkerin von menschlichen Schicksalen vorwegnahm. Sie suchte dem Dienstpersonal des Hauses, das im Zarismus naturgemäß analphabetisch aufgewachsen war, Lesen und Schreiben beizubringen, sie schrieb Eltern und Geschwistern Briefe ins Nebenzimmer und verlangte pünktliche und ernsthafte Beantwortung.

---

* Nach neueren Erkenntnissen ist das Geburtsjahr 1871, s. P. Frölich, Rosa Luxemburg Gedanke und Tat, 4. Ausgabe, Frankfurt a. M. 1973, S. 16.

Auf dem Gymnasium in Warschau, wohin ihre Eltern bald nach ihrer Geburt übersiedelt waren, zeichnete sie sich unter ihren Mitschülern sehr rasch aus, und es ist fast als selbstverständlich anzusehen, daß sie bereits damals in den Bereich der revolutionären Bewegung geriet. Es war die Zeit, da sich in der russischen Intelligenz der Übergang vom Nihilismus zum Marxismus vollzog, und wenn schon im eigentlichen Rußland Gymnasiasten und Studenten der revolutionären Bewegung zuströmten, so galt das in doppeltem Maß für Russisch-Polen, wo der Zarismus nicht nur als sozialer, sondern fast mehr noch als nationaler Bedrücker angesehen wurde.

Freilich hat sich Rosa Luxemburg Zeit ihres Lebens von nationaler Beschränktheit freizuhalten gewußt. Im Gegensatz zur Mehrheit der polnischen Sozialisten stand sie stets auf dem Standpunkt, daß der Kampf gegen den Zarismus Schulter an Schulter mit den Angehörigen der andern Nationen des russischen Reichs zu führen sei und daß er dem Sturz des Zarismus, nicht aber der Wiederherstellung eines selbständigen Polen zu gelten habe. Noch weniger als die polnischen interessierten sie die jüdischen Belange, für deren Sondervertretung sie nicht das geringste Verständnis hatte, ebensowenig wie für die der Frauen. Sie muß diese Einstellung schon zur Zeit ihres Gymnasiastendaseins gehabt haben, vielleicht als Folge des deutschen Einflusses in ihrem heimischen Milieu; als deutsch galt damals noch der Kosmopolitismus Schillers und Goethes und nicht der Nationalismus Treitschkes. Ihre revolutionäre Tätigkeit beschränkte sich nicht auf das von ihr später häufig ironisierte »Theetrinken und Diskutieren«, sondern sie suchte Anschluß an polnische Aktionskomitees, die die junge Mitarbeiterin wegen ihrer frühzeitig erkannten Bedeutung gerne willkommen hießen. Das hatte zur Folge, daß sich Rosa Luxemburg kurz nach Absolvierung des Gymnasiums, also in einem Alter, da andere Mädchen sich als Backfische mit den Problemen der jungen Liebe, der Ballkleider und der ersten gesellschaftlichen Erfolge beschäftigen, in so ernste Unternehmungen und die mit ihnen verbundenen Gefahren verwickelt fand, daß das revolutionäre Komitee beschloß, sie müsse den Boden Rußlands verlassen.

Hals über Kopf gelangte sie auf einer abenteuerlichen Flucht »in der Gymnasiastenschürze«, wie sie sich später auszudrücken liebte, im Jahre 1889 nach Zürich, das damals der Sammelpunkt des größten Teils der revolutionären studierenden Jugend aus dem zaristischen Rußland war. Trotz ihrer Jugend und trotz ihrer körperlichen Unansehnlichkeit errang sie sich nicht nur in der Studentenschaft, sondern in der gesamten Emigration sehr rasch eine bedeutsame Stellung. Aber sie ging in der Politik allein nicht auf. Sie arbeitete fleißig an der Universität und ihre Doktorarbeit »Die industrielle Entwicklung Polens« (1898) zeugt von gründlichem Fachwissen. Das Studium war ihr jedoch, so ernst sie es nahm, nur Mittel zum Zweck. Ihr Interesse galt einzig und allein der Politik.

Die Zürcher Jahre sind auch deshalb für sie von bleibender Bedeutung geworden, weil sie hier die Beziehung zu dem Mann aufnahm, der bis an ihr Lebensende auf ihr politisches Denken maßgeblichen Einfluß ausgeübt hat: Leo *Jogiches*. Dieser war ein russischer Revolutionär alten Stils, der nur konspiratorisch zu wirken vermochte. Ihn interessierte die Wirkung nach außen so gut wie gar nicht, dagegen trachtete er im Innern der Organisation einen unbeschränkten Einfluß auszuüben. Jogiches hat sich zwar, wie Radek in seiner Broschüre »Rosa Luxemburg, Karl Liebknecht, Leo Jogiches« (Hamburg 1921) bemerkt, im Gegensatz zu Lenins Taktik befunden, sie aber in seiner eigenen Organisation ständig angewendet.

Während ihres Zürcher Aufenthaltes erkämpfte sich Rosa Luxemburg ihren Platz in der polnischen revolutionären Bewegung. Aber ihre Kenntnis der westeuropäischen Arbeiterbewegung zeigte ihr, wie unbefriedigend die revolutionäre Arbeit in der Emigration sei. Sie unterschied sich in diesem Punkt von vielen ihrer russischen Parteigenossen, vor allem von Lenin, der vor 1917 fast seine ganze Tätigkeit in der Emigration entfaltete. Er blieb, wo immer er wirkte, Russe und nur an russischen Vorgängen interessiert. Rosa Luxemburg dagegen widmete sich mit derselben Leidenschaft der Arbeiterbewegung in Frankreich und in Deutschland wie der in Polen und Rußland.

Je älter sie wurde, um so mehr drängte es sie, sich aktiv in einer der großen Parteien des europäischen Westens zu betätigen. Sprachliche Schwierigkeiten kannte sie nicht. Wer ihre Schriften oder ihre Briefe liest, wird nicht die Empfindung haben, daß hier ein Mensch schreibt, dessen Muttersprache nicht die deutsche war. Gerade in dem vorliegenden Band sind Proben ihrer stilistischen Meisterschaft ebenso wie des Verständnisses für deutsche Stilkunst in reicher Zahl zu finden. Daß ihr Französisch nicht auf gleicher Höhe stand wie ihr Deutsch, ist die Folge ihrer geringeren Übung. Hielt sie sich doch nur verhältnismäßig kurze Zeit in Paris auf. Bei dieser Gelegenheit knüpfte sie mit Edouard Vaillant politische Beziehungen an, die bis zum ersten Weltkrieg andauern sollten. Das revolutionäre Temperament der jungen Polin fand in dem des alten Blanquisten sein entsprechendes Gegenstück.

Aber es zog Rosa Luxemburg bald stärker nach Deutschland, das damals unbestritten die Führung in der internationalen Arbeiterbewegung besaß. Um keine Ausweisung befürchten zu müssen, schloß sie mit einem Zürcher Bekannten, Gustav Lübeck, eine Scheinehe, durch die sie in den Besitz der deutschen Staatsbürgerschaft gelangte. Im Jahre 1897 finden wir sie in Deutschland, zuerst in Dresden, ab 1898 ständig in Berlin, wo sie bald mit Karl Kautsky politisch und persönlich Freundschaft schließt – eine Beziehung, die sich sehr bald auch auf Karl Kautskys Frau Luise und ihre drei Söhne erstreckt. Die von Luise Kautsky herausgegebenen Briefe Rosa Luxemburgs an das Ehepaar Kautsky legen davon beredtes Zeugnis ab [1].

Ihre Übersiedlung nach Deutschland fällt in die Zeit des großen Richtungsstreites in der deutschen Sozialdemokratie. Unter der Führung von Bebel und Liebknecht hatte diese Partei eine konsequent marxistische, auf dem Gedanken der Unversöhnlichkeit der Klassengegensätze beruhende Politik betrieben, deren Ausdruck das von Karl Kautsky entworfene und 1891 beschlossene Erfurter Programm war. Die Entwicklung der Sozialdemokratie, mehr aber noch die der Gewerkschaften im letzten Jahrzehnt des 19. Jahrhunderts ließen jedoch Strömungen innerhalb der Arbeiterbewegung entstehen, die mit den ursprünglichen Anschauungen nicht mehr in Einklang zu bringen waren. Ihr Wortführer wurde Eduard Bernstein, der unter dem Sozialistengesetz das illegal im Ausland erscheinende sozialdemokratische Parteiblatt »Der Sozialdemokrat« redigiert hatte und gegen den ein seit dieser Zeit immer wieder erneuerter Steckbrief lief. Er befand sich daher im Exil in London; hier wandelte sich seine ursprünglich streng marxistische Theorie unter dem Einfluß englischer Verhältnisse, und er forderte von der deutschen Sozialdemokratie eine Annäherung an das liberale Bürgertum, da sich die Entwicklung zum Sozialismus nicht, wie der Marxismus lehrte, auf gewaltsamem Wege, sondern durch ein allmähliches, im Zusammenwirken mit allen fortschrittlichen Elementen erfolgendes »Hineinwachsen« in die neue Gesellschaft vollziehen werde. An Bernstein schlossen sich Kreise der Arbeiterbewegung an, die theoretisch kaum mit ihm übereinstimmten, aber dieselbe praktische Politik befolgen wollten. Es waren hauptsächlich die Gewerkschaften und Konsumgenossenschaften, die gerade in dieser Zeit erstarkten und eine Ausdehnung ihres Tätigkeitsbereichs im Gegenwartsstaat mit sozialen Reformen durchsetzen zu können hofften.

Rosa Luxemburg stürzte sich mit der ganzen Leidenschaft, die ihr eigen war, in den Kampf gegen Bernstein und die Richtung, die er vertrat. Gegenüber seiner Forderung, man müsse Marx »revidieren« (daher die Bezeichnung Revisionismus), erhob sie die nach unbedingtem Festhalten an der Marxschen Lehre. In ihren Artikeln über diesen Gegenstand, die zum Teil in der von Karl Kautsky herausgegebenen »Neuen Zeit«, zum Teil in der Dresdner »Sächsischen Arbeiterzeitung« und der »Leipziger Volkszeitung« erschienen [2], deren Redaktion sie zeitweilig angehörte, sind gleichzeitig ihre Vorzüge und die Begrenztheit ihrer Fähigkeiten zu erkennen. Keiner ihrer Gegner konnte ihr Scharfsinn und Wissen absprechen; dazu führte sie eine geschickte, wenn auch meist zu scharfe Feder. Die Rücksichtslosigkeit, mit der russische Revolutionäre ihre politischen

---

1 »Briefe an Karl und Luise Kautsky (1896–1918)«, hrsg. von Luise Kautsky, Berlin 1923.
2 Die in dieser Zeitung veröffentlichten Aufsätze sind zum erstenmal 1899 gesammelt unter dem Titel »Sozialreform oder soziale Revolution« als Broschüre, seither in mehrfacher Auflage erschienen.

Streitfragen auszutragen pflegten, findet sich auch bei ihr, und man wird nicht behaupten können, daß dies eine glückliche Bereicherung der deutschen Parteipolitik gewesen wäre. Aber empfindlicher noch war der Mangel an Verständnis für manche Seiten der westeuropäischen Arbeiterbewegung, von der sie eben doch nur Teile kannte. Das Wesen tief verwurzelter Demokratien blieb ihr stets fremd. Die Bedingungen etwa der englischen Arbeiterbewegung schätzte sie daher falsch ein und versperrte sich damit den Weg zu einer richtigen Beurteilung der Aufgaben und der Tätigkeit der Gewerkschaften überhaupt. In diesen sah sie eigentlich nur ein notwendiges Übel, das man in Kauf nehmen müsse, weil die Arbeiterschaft auch ihre materiellen Bedürfnisse im Gegenwartsstaat befriedigt wissen wollte. Aber als die ausschlaggebende Tätigkeit in der Arbeiterbewegung betrachtete sie doch nur die politische.

Ihre Politik trug daher stets einen doktrinären Charakter, der sich in ihren Schriften mehr oder minder stark ausgeprägt findet. Bewegt sie sich jedoch auf rein politischem Gebiet, so sind ihre Schriften von einem erstaunlichen Reichtum an Ideen und von tiefen Einblicken in die sozialen und psychologischen Probleme der modernen Arbeiterbewegung. Das sollte sich glänzend bei der Polemik gegen Lenin erweisen, die sich entspann, als dieser seinen neuen Organisationsentwurf für die russische Sozialdemokratie propagierte und schließlich mit einer Zufallsmehrheit auf dem Londoner Kongreß von 1903 durchsetzte.

Lenin schuf damals die Organisation, die seither für die Kommunistische Partei maßgebend geblieben ist: ein kleiner Kreis von »Berufsrevolutionären«, der straff organisiert ist und absolute Disziplin hält, wenn einmal eine Parole herausgegeben ist, dient der großen Masse der Arbeiter und Bauern als revolutionärer Vortrupp. Im Gegensatz dazu vertraten die demokratischen Teile der russischen Sozialdemokratie den Standpunkt, daß ihre Organisation dem Charakter der westeuropäischen Arbeiterparteien so viel wie nur irgend möglich angenähert werden solle.

Aber sie wie die meisten westeuropäischen Sozialisten betrachteten die Streitfrage mehr als eine solche der Zweckmäßigkeit, denn als eine grundsätzliche. Hier sah Rosa Luxemburg schärfer als ihre Freunde. Ihr ausführlicher Artikel gegen Lenin »Organisationsfragen der russischen Sozialdemokratie« [1], der eine ihrer bedeutendsten Leistungen darstellt und den die Kommunisten von heute vergessen machen möchten, ist eine scharfe Abrechnung mit Lenins »Ultra-Zentralismus«, dessen Folgen für die Arbeiterbewegung mit geradezu prophetischer Klarheit vorausgesagt werden. Die Erstickung jedes selbständigen Denkens unter den Parteimitgliedern, die Allmacht der Parteiführung und deren Isolierung von der Masse sind die Hauptvorwürfe, die Rosa Luxemburg gegen Lenin erhebt. Die Entwicklung der bolschewistischen Partei in Rußland und

1 »Neue Zeit«, Jg. XXII/2, S. 484 ff.

ihrer Ableger, die seit 1918 in aller Welt entstanden sind, hat sie nur allzu sehr gerechtfertigt. Rosa Luxemburg bewies, daß sie über die Beschränktheit des rein russischen Denkens Lenins und seiner Jünger weit hinausgewachsen war. Ihre Einsicht in die Entwicklungsbedingungen der Arbeiterbewegung in Westeuropa hatte in ihr die Anschauung gefestigt, daß nur die Masse selbst Trägerin der Bewegung sein könne und niemals eine kleine Elite. »Fehltritte, die eine wirkliche revolutionäre Arbeiterbewegung begeht, sind geschichtlich unermeßlich fruchtbarer und wertvoller als die Unfehlbarkeit des allerbesten ›Zentralkomitees‹«, schließt sie ihren Artikel. Sie hat an diesem Standpunkt stets festgehalten und war deshalb bis zum Ausbruch des ersten Weltkriegs eine erbitterte Gegnerin Lenins, dessen Taktik die russische Arbeiterbewegung zersplitterte und lähmte. Es bedurfte ganz außergewöhnlicher Umstände, um eine zeitweilige Kampfgemeinschaft der beiden herzustellen.

Die erste Vorbedingung hierzu wurde durch Rosa Luxemburgs Beteiligung an der russischen Revolution des Jahres 1905 geschaffen. Verhältnismäßig spät ging Rosa Luxemburg nach Warschau; Krankheit und unaufschiebbare Verpflichtungen der deutschen Sozialdemokratie gegenüber ließen sie erst im Dezember 1905 dorthin kommen. Die Phase der russischen Revolution, die sie hier zu sehen bekam, hatte ein zwiespältiges Aussehen. Die revolutionäre Welle hatte in den gewaltigen Massenstreiks der Monate September und Oktober ihren Höhepunkt erreicht und dem Zarismus die erste Verfassung abgetrotzt. Damit war das liberale Bürgertum im wesentlichen befriedigt und begann nunmehr, die Streiks, die es ursprünglich aus politischen Gründen unterstützt hatte, wegen der mit ihnen verbundenen wirtschaftlichen Forderungen zu bekämpfen. Die bis dahin geschlossene Front gegen den Zarismus begann zu zerbröckeln; aber in der Arbeiterschaft lebte noch das revolutionäre Feuer weiter, und in manchen Kreisen ihrer Führer setzte sich der Gedanke durch, man müsse den Verlust an Kraft, den man durch die Desertion des Bürgertums erlitten habe, durch eine Verschärfung der eigenen Taktik wettmachen. Nicht mehr nur Streiks, sondern deren Überleitung in Straßenkämpfe wurde ihre Parole, von der sich auch Rosa Luxemburg sehr stark beeinflussen ließ.

Sie hatte freilich wenig Gelegenheit, an ihrer praktischen Erprobung mitzuwirken, denn sie wurde schon wenige Wochen nach ihrer Ankunft in Warschau verhaftet. Wenn sie auch durch Artikel, die sie aus der Zitadelle von Warschau herausschmuggelte, weiter am Kampf teilnahm, war ihre unmittelbare Tätigkeit lahmgelegt. Es bedurfte monatelanger Verhandlungen, um ihre Freilassung gegen Kaution zu erwirken, so daß sie nach Finnland gehen konnte, wo sie in der Nähe Petersburgs und in der Gemeinschaft mit anderen russischen Revolutionären den Gang der Ereignisse aus der Nähe beobachten konnte und zu beeinflussen suchte. Aber die Sommermonate des Jahres 1906 ließen erkennen, daß die revolutionäre Welle verebbte. Freilich wollte Rosa Luxemburg so wenig wie manche andere daran glauben, daß es sich um mehr als nur ein zeitweiliges Zurückziehen handle. Trotzki war zu dieser Zeit zur Überzeugung gekommen, daß die Revolution nicht mehr zur Ruhe kommen werde, sondern sich, um einen Marxschen Ausdruck zu gebrauchen, im Zustand der »Permanenz« befinde. Rosa Luxemburg ging nicht ganz so weit wie Trotzki, aber sie nahm die Anschauung mit sich, daß es hauptsächlich die Fehler der Führung gewesen seien, die die Revolution mißglücken ließen. Es gelte, das Versäumte mit verdoppelter Energie und Rücksichtslosigkeit nachzuholen. Gleichzeitig schöpfte sie aus der Verschärfung der internationalen Situation die Überzeugung, daß sich der nächste revolutionäre Ausbruch nicht auf Rußland beschränken würde. Es drängte sie daher, nach Deutschland zurückzukehren, weil sie der Meinung war, jede künftige Revolution könne nur dann Erfolg haben, wenn sich Deutschland an ihr beteilige.

Als sie im Herbst 1906 die deutsche Grenze wieder überschritt, hatte sich in dem knappen Jahr, das sie im Ausland verbracht hatte, in ihrem Kopf das Bild der Außenwelt wesentlich verändert. Es mag fraglich erscheinen, ob sie sich dessen damals schon voll bewußt war. Obwohl ihre noch in Finnland abgefaßte Broschüre »Massenstreik, Partei und Gewerkschaften« schon eine Radikalisierung ihrer Ansichten erkennen ließ, kam es zu keinem Streit mit der Führung der deutschen Sozialdemokratie; sonst hätte diese sie zweifellos nicht mit der Durchführung einer neuen wichtigen Aufgabe betraut.

Der Vorstand der deutschen Sozialdemokratie hatte im Jahre 1906 eine Internatschule zur Heranbildung von Parteifunktionären errichtet, an der Rudolf Hilferding, der spätere Finanzminister der Weimarer Republik, mit dem Unterricht in Nationalökonomie beauftragt wurde. Nach kaum einjähriger Tätigkeit wurde er, der Österreicher war, von der Berliner Polizei mit der Ausweisung bedroht, falls er seine Tätigkeit als Lehrer nicht einstelle. Auf Empfehlung Karl Kautskys wählte man Rosa Luxemburg zu seiner Nachfolgerin und tat damit einen glücklichen Griff. Unbeschadet ihrer politischen Einstellung waren alle Schüler und Lehrer des Lobes über die neue Kollegin voll. Diese nahm ihre Aufgabe sehr ernst, und aus ihren Vorträgen entstanden die Manuskripte, die nach ihrem Tod unter dem Titel »Einführung in die Nationalökonomie« (Berlin 1924) herausgegeben wurden.

Aber so sehr sie die neue Aufgabe freute und fesselte, so wenig vermochte sie sich durch sie ganz ausgefüllt zu fühlen. Das heraufziehende Gewitter des Weltkriegs, die ständige Balkankrise mit ihren Erschütterungen des Gefüges Österreich-Ungarns und der Türkei, die allmählich wiedererwachende revolutionäre Energie in Rußland zusammen mit den sich verschärfenden Gegensätzen zwischen Deutschland auf der einen und Frankreich und England auf der anderen Seite, ließen in ihr den Glauben reifen, daß eine neue revolutionäre Welle im Anzug sei. Eine Bestätigung dafür erblickte sie in der wachsenden Unruhe, die

die westeuropäischen Gewerkschaften um diese Zeit ergriff: der Syndikalismus feierte Triumphe in Frankreich und Italien und hielt seinen Einzug selbst bei den konservativen Gewerkschaften Englands und Amerikas. Als nun in Deutschland selbst eine Situation entstand, in der man heftige Konflikte zwischen Regierung und Arbeiterschaft voraussehen konnte, da ergriff Rosa Luxemburg begierig diese Gelegenheit, um ihre Anschauungen, die sie in der russischen Revolution erworben hatte, der deutschen Sozialdemokratie zur praktischen Anwendung vorzutragen. Der Kampf, der um diese Zeit mit aller Erbitterung geführt wurde, galt dem preußischen Dreiklassenwahlrecht. Es war der deutschen Sozialdemokratie gelungen, die Arbeiterschaft in Bewegung zu versetzen, die ursprüngliche Versammlungskampagne schlug bald um in eine Kette machtvollster Demonstrationen, die ihren Eindruck auf die Öffentlichkeit nicht verfehlten. Der Widersinn eines Wahlrechts, das der stärksten Partei des Reichs nur eine lächerliche Vertretung von sieben Mandaten im preußischen Landtag ermöglichte, war zu kraß, als daß er nicht im Inland und Ausland anerkannt worden wäre. Aber die preußische Regierung wußte, daß dieses Wahlrecht die stärkste Stütze des Systems war, mit dem ganz Deutschland regiert wurde. Seine Demokratisierung hätte nicht nur die Entthronung des Junkertums, sondern auch die Erschütterung seines Bündnisses mit dem Großkapital gebracht. Daher beschloß die preußische Regierung, keinerlei Konzessionen zu machen, so daß die deutsche Sozialdemokratie schließlich vor die Wahl gestellt wurde, sich in einen offenen Kampf mit der Staatsgewalt einzulassen oder auf die Durchsetzung ihrer Forderungen für den Augenblick zu verzichten. Die Parteileitung entschloß sich schweren Herzens für den zweiten Weg, Rosa Luxemburg glaubte für den ersten eintreten zu sollen.

Es kann heute keinem Zweifel mehr unterliegen, daß sie sachlich damit im Unrecht war. Das von Bismarck gefügte deutsche Staatssystem ist seither mehrfach auf die Probe gestellt worden, und es bedurfte des Aufwandes der Machtmittel fast der ganzen Welt, um seine Struktur in zwei blutigen Weltkriegen zu zerschlagen. Wie hätte die waffenlose deutsche Arbeiterschaft dieselbe Leistung ohne jeden Bundesgenossen – denn das liberale Bürgertum hielt sich wie stets ängstlich zurück – vollbringen sollen!

Rosa Luxemburg glaubte freilich, das Mittel gefunden zu haben, dessen Anwendung den Sieg verbürgte: den *Massenstreik*. Aber abgesehen davon, daß, wie wir schon erwähnten, selbst die russischen Erfahrungen gegen seine Unfehlbarkeit sprachen, war es ein Kardinalfehler, den schwachen, von allen Klassen angegriffenen Zarismus mit der wohlorganisierten und bis an die Zähne bewaffneten deutschen Regierung zu vergleichen, die von den maßgebenden Kreisen der Aristokratie, des Bürgertums und der Bauernschaft gestützt wurde. Die literarische Fehde, in die Rosa Luxemburg mit ihrem langjährigen Weggenossen Karl Kautsky geriet, war daher nicht eine Frage politischer Kühnheit oder

Zaghaftigkeit, sondern der Beurteilung der Machtfaktoren, die Rosa Luxemburg unrichtig einschätzte.

Es wäre jedoch falsch anzunehmen, daß sie mit ihrer Anschauung allein stand. Die internationale Situation trug damals alle Merkmale einer Verschärfung der inneren und äußeren Gegensätze, und die Arbeiterschaft, die bis dahin in jahrzehntelangem Ausbau ihrer politischen und gewerkschaftlichen Machtpositionen Erfolg um Erfolg errungen hatte, sah diese plötzlich durch die Versteifung der Haltung der Regierungen und der bürgerlichen Klassen, mehr aber noch durch das Gespenst eines heraufziehenden großen Krieges bedroht. Es war daher kein Wunder, daß Zweifel an der bisherigen Taktik laut wurden und daß gerade in den schwachen Parteien der Gedanke an Boden gewann, man könne den Weg zur Macht abkürzen, wenn man an die Stelle demokratischer Mittel die Anwendung der Gewalt setze – einer Gewalt, die ohnedies von den Gegnern rücksichtslos gegen die Arbeiter gebraucht wurde. Besonders begreiflich war der Glaube an die Gewalt in jenen Staaten, in denen innerlich schwache Regierungen diktatorisch herrschten, so daß ihre Ersetzung durch ebenso diktatorische Regierungen aus den Reihen einer zahlenmäßig schwachen, aber gut organisierten und entschlossenen Arbeiterschaft möglich erschien.

Die Diskussion über die Taktik wurde daher international, und Rosa Luxemburg war in ihr nur eine, wenn auch wohl die bedeutendste Wortführerin, und Karl Radek sagt in seiner schon erwähnten Gedenkbroschüre mit Recht, daß sich in dieser Debatte bereits alle jene Strömungen zeigen, die sich später in der Spaltung der Arbeiterschaft in Sozialdemokraten und Kommunisten auswirkten.

Rosa Luxemburgs Bedeutung in diesem Meinungsstreit bestand darin, daß sie versuchte, die östliche revolutionäre Taktik mit den Erfahrungen der westlichen Massenbewegungen zu kombinieren. Sie suchte jedoch darüber hinaus noch der neuen Richtung eine theoretische Grundlegung zu geben, indem sie eine Theorie des *Imperialismus* schuf. Ausgehend von den Marxschen Darlegungen im 2. Band seines »Kapital« stellte sie die Behauptung auf, daß der Kapitalismus nur zu existieren vermöge, wenn er ständig neue Märkte erschließe. Der Imperialismus, das heißt der Kampf der kapitalistischen Großmächte untereinander um die Monopolisierung unerschlossener Märkte, sei daher eine unausweichliche Stufe des Kapitalismus, aber aus dem Imperialismus müsse ein gewaltsamer Konflikt zwischen den kapitalistischen Mächten um die Märkte in der Form eines Weltkrieges entstehen, dem mit ebenso eiserner Notwendigkeit die soziale Revolution folgen müsse. Über deren Charakter äußerte sich Rosa Luxemburg in ihrem 1913 erschienenen Buch »Die Akkumulation des Kapitals« nicht, doch kann man es als selbstverständlich annehmen, daß sie in ihr den entscheidenden Schritt zur sozialistischen Gesellschaft erblickte.

Wir brauchen uns mit ihren theoretischen Anschauungen nicht auseinanderzu-setzen, denn ebenso wie sie seinerzeit von allen führenden sozialistischen Theoretikern – neben Karl Kautsky, Rudolf Hilferding, Otto Bauer, Gustav Eckstein auch von Lenin – abgelehnt wurden, haben sie sich historisch als falsch erwiesen. Der amerikanische Kapitalismus hat seine unerhörte Höhe allein auf seinem Binnenmarkt erreicht, und das Zeitalter des Imperialismus neigt sich jetzt offensichtlich seinem Ende zu, ohne daß man das Gleiche vom Kapitalismus behaupten könnte. Aber dennoch hat ihre Theorie sehr bald an Anhängerschaft gewonnen, und sie übt ihren Einfluß bis auf die Gegen-wart aus, denn die heute im Kreml herrschende Meinung von der Unver-meidlichkeit des Gegensatzes zwischen dem sozialistischen Rußland und den imperialistischen Westmächten, aus dem sich schließlich ein Krieg zwischen beiden entwickeln müsse, ist nichts anderes als die den gegenwärtigen Ver-hältnissen angepaßte Form der Luxemburgschen Theorie.

Diesen Einfluß errang sie dadurch, daß schon kurze Zeit nach ihrer Formu-lierung der Krieg ausbrach, dessen Verlauf und Ende sie weitgehend zu bestätigen schien. Lenin, der sie, wie erwähnt, ursprünglich abgelehnt hatte, bekannte sich praktisch zu ihr, indem er überall von den Parteien der Arbei-terschaft forderte, sie sollten gegen den Krieg Stellung nehmen und ihn in einen Bürgerkrieg gegen die eigene Bourgeoisie verwandeln. In dieser For-derung begegnete er sich mit Rosa Luxemburg, und auf diesem Boden kam ihre Kampfgenossenschaft zustande.

Rosa Luxemburg konnte freilich nur einen Teil ihrer Kraft im Kampf gegen den Krieg einsetzen. Sie hatte kurz vor Kriegsausbruch in einem von ihr und ihrem Anwalt Paul Levi meisterhaft geführten Prozeß ein Jahr Gefängnis wegen Aufreizung zum Hochverrat erhalten und mußte im Februar 1915 diese Strafe antreten. Kaum befreit, wurde sie nach der Demonstration zum 1. Mai 1916, in deren Verlauf ihr engster Kampfgefährte Karl Liebknecht verhaftet wurde, auf Grund des infamen Schutzhaftgesetzes neuerlich einge-sperrt und verblieb bis zum Ende des Krieges, zuerst in Wronke, dann in Breslau in Haft.

Es konnte niemand überraschen, daß Rosa Luxemburg gegen die Bewilligung der Kriegskredite durch die deutsche Sozialdemokratie Stellung nahm. Der Mehrheit dieser Partei galt denn auch in der Hauptsache ihr Kampf, und wer ihre Schriften aus der Kriegszeit, besonders ihre »Junius-Broschüre« über »Die Krise der Sozialdemokratie« (1916) mit Aufmerksamkeit liest, dem kann es nicht entgehen, daß sich ihr Zorn in der Hauptsache gegen die deutsche Regierung und gegen die deutsche Sozialdemokratie richtet, während die andern Länder und Parteien viel besser wegkommen, obwohl sie auch ihnen theoretisch den Kampf ansagt. Niemals wird diese Stimmung deutlicher als in dem Brief an Mathilde Wurm (Nr. 4), den wir in unserer Sammlung zum

Abdruck bringen. In ihm greift sie nicht so sehr die Mehrheitssozialdemokratie als die Unabhängigen an, die sie als die Halben und Lauen empfindet.

Die russische Märzrevolution des Jahres 1917 erregt ihren Jubel und erweckt in ihr neue Hoffnungen, freilich auch Bedenken. Doch sie wird sicherer, als Lenin im Oktober allein die Macht ergreift. Ihr Vertrauen in die Leninsche Diktatur wird jedoch bald durch den Sonderfrieden in Brest-Litowsk erschüttert, den Lenin mit dem verhaßten deutschen Imperialismus schließt. Aber tiefer noch trifft sie die Terrorwelle, die im Sommer 1918 über Rußland flutet und deren Opfer in erster Linie die nicht-bolschewistischen Sozialisten und mit ihnen breite Schichten der Arbeiterschaft sind. Zur Untätigkeit verdammt, beginnt sie in der Einsamkeit ihrer Zelle ein Manuskript über »Die russische Revolution« abzufassen, das Paul Levi 1922 aus ihrem Nachlaß herausgegeben hat. Wiederum erweist sie sich in ihrem Gegensatz zu Lenin als nur allzu gute Prophetin. Sie hat das Wort von Marx, daß die Befreiung der Arbeiterklasse nur das Werk der Arbeiterklasse selbst sein kann, zutiefst in sich aufgenommen und begriffen, daß die Demokratie die Lebensluft für die Arbeiterbewegung ist, ohne die sie ersticken und entarten muß. In diesem Manuskript steht der eine Satz, der die Verneinung jeglicher bolschewistischer Doktrin ist: »Freiheit ist immer die Freiheit des anders Denkenden.«

Trotz ihrer schweren Bedenken glaubt sie oder *will* sie vielleicht glauben, daß die Leninsche Taktik nur eine kurze Abweichung vom Weg zum Ziel ist. Möglicherweise meint sie auch, daß sie selbst, wenn ihr die Freiheit wiedergegeben ist, mithelfen könne, die Dinge wieder ins Lot zu setzen. Vor allem aber hat sie jegliche innere Verbindung mit den andern sozialistischen Richtungen in Deutschland verloren, und als ihr im Oktober 1918 die Freiheit geschenkt wird, da sucht sie keinen Anschluß bei den beiden proletarischen Parteien, sondern betreibt ihre eigene Politik. Obwohl sie ebenso wie Karl Liebknecht formell der Unabhängigen Sozialistischen Partei angehört, verweigern beide ihr die Gefolgschaft, als sie mit der Mehrheitssozialdemokratie zusammen die Regierung bildet, und die Parole der beiden ist das »Weitertreiben der Revolution« bis zur äußersten Konsequenz.

Wie weit Rosa Luxemburg, die aus der Abgeschlossenheit ihrer Zelle unmittelbar in den Strudel der Ereignisse gestürzt wurde, aktiv an den einzelnen Entschlüssen ihrer engeren Parteigenossen mitgewirkt hat, läßt sich heute nicht mehr feststellen. Wir können nur konstatieren, daß sie in einzelnen wichtigen Punkten von der Meinung ihrer Freunde abwich, so zum Beispiel in der Frage der Beteiligung an den Wahlen zur Nationalversammlung. Vergebens bemühte sie sich, auf dem Gründungskongreß der Kommunistischen Partei Deutschlands, der Ende Dezember 1918 stattfand, ihren Parteigenossen auseinanderzusetzen, daß die Wahlbeteiligung eines der wichtigsten Mittel zur propagandistischen Durchdringung der Arbeitermassen sei – die echten

Bolschewiken, als deren Vertreter Karl Radek auf dem Kongreß erschienen war, hatten sich innerlich schon so weit von dem Gedanken der Parteidemokratie entfernt, daß sie den Luxemburgschen Vorschlag ablehnten.

Wenn wir ihre Haltung auf diesem Kongreß in Betracht ziehen, so können wir nur vermuten, daß sie an der Provozierung der Januarkämpfe 1919 nicht beteiligt war. Diese viel umstrittenen blutigen Zusammenstöße, die ihren Ausgangspunkt in der Amtsentsetzung des der USP angehörenden Berliner Polizeipräsidenten Eichhorn durch die Regierung Ebert hatten und die schließlich durch die von Noske herangeführten und unter Leitung der alten kaiserlichen Offiziere organisierten freiwilligen Verbände mit der Niederwerfung der Berliner Arbeiter beendet wurden, sind in ihren Einzelheiten nicht aufgeklärt und werden es wohl niemals werden. Aber soweit wir Anhaltspunkte dafür besitzen, wo ihre Anstifter saßen, sind diese in ganz anderer Richtung zu suchen als bei Rosa Luxemburg. Dem widerspricht die Tatsache keineswegs, daß sie sich nach dem Ausbruch der Unruhen nicht einen Moment ihrer Pflicht entzog, die sie an die Spitze der aufrührerischen Menge stellte. Ihr Mut und ihr Ehrgefühl machten ihr eine andere Handlungsweise unmöglich, und dieselben Motive verboten es ihr, nach der Niederlage zu fliehen. So geriet sie in die Hände jener Offiziere, die von Noske mit der Niederschlagung des Aufstandes betraut worden waren, und diese Gentlemen scheuten sich nicht, ihre Offiziersuniformen mit dem Blut einer wehrlosen Frau zu beflecken. Zugleich mit Karl Liebknecht, der mit ihr gefangen in das Hauptquartier der Garde-Kavallerie-Schützendivision, das Hotel Eden, geschleppt worden war, fand sie in der Nacht vom 15. zum 16. Januar 1919 im Tiergarten den Tod. Wir haben die Einzelheiten dieser Vorfälle hier nicht zu schildern, doch halten wir es für unsere Pflicht, wenigstens die Namen der beiden Hauptschuldigen festzuhalten, dies um so mehr, weil diese beiden Wegbereiter des Nazismus sich später mit Hitler entzweiten und deshalb als Kronzeugen gegen diesen dienen; es sind dies der damalige Hauptmann Waldemar *Pabst* und der damalige Kapitänleutnant und spätere Admiral *Canaris*.

Leo Jogiches folgte seiner großen Freundin wenige Wochen später in den Tod. Er wurde im Gefängnis zu Moabit »auf der Flucht erschossen« – in demselben Gefängnis, in dem um dieselbe Zeit Karl Radek verhaftet saß, der aus eben dieser Zelle seine Verbindungsfäden zu den Reichswehroffizieren spann, die sich dann zu dem festen Gewebe der Zusammenarbeit zwischen Reichswehr und Roter Armee verdichteten, dem Gewebe, das selbst den Machtantritt Hitlers überdauerte und dessen Vollendung der Stalin-Hitlerpakt vom August 1939 bedeutete.

Nichts könnte den Abgrund besser kennzeichnen, der Rosa Luxemburg von dem heutigen Kommunismus trennt, als die einfache Gegenüberstellung dieser Tatsachen. Für die Kommunisten ist das Problem, mit dem sie sich befassen, die Frage der *Macht* geworden, für Rosa Luxemburg war der Sozialismus ein Problem der *Menschlichkeit*. Nach den Briefen an das Ehepaar Kautsky und an Sonja Liebknecht [1] legt diese dritte Sammlung von dem Zauber ihrer Persönlichkeit und ihrem Sinn für alles Schöne Zeugnis ab. Rosa Luxemburg hat als Politikerin wie als Theoretikerin oft geirrt. Ihre Art zu denken, die sie zu einer glänzenden Lehrerin machte, hat sich auf anderen Gebieten als Nachteil erwiesen, sie hatte stets das Bedürfnis, sich ein abgerundetes Gedankenbild herzustellen, und vernachlässigte daher nur zu leicht die stets in Bewegung befindlichen Tatsachen der menschlichen Gesellschaft. Der Vorwurf des Doktrinarismus, den man häufig gegen sie erhoben hat, ist daher nicht unberechtigt. Aber in den Grenzen, die ihr ihre Begabung und ihre Entwicklung gesetzt haben, hat sie Großes geleistet. Wie stets bei bedeutenden Menschen lag jedem ihrer Irrtümer ein wichtiges Problem zugrunde und diesen ihren Irrtümern stehen tiefe Erkenntnisse und mutige Handlungen gegenüber, die sie unter die Großen in der Geschichte des Sozialismus einreihen. Es ist schwer zu sagen, welchen Weg sie eingeschlagen hätte, wenn ihr ein längeres Leben beschieden gewesen wäre. Ebensowenig wie sie sich mit den Mehrheitssozialdemokraten wieder an einen Tisch gesetzt hätte, weil sie ihnen niemals ihre Kriegspolitik hätte verzeihen können, wäre sie bereit gewesen, die weitere Entwicklung des Kommunismus mitzumachen. Da sie niemals die Rückgratlosigkeit ihrer Freundin Klara Zetkin besessen hätte [2], die trotz besserer Überzeugung bis zu ihrem Tod linientreue Kommunistin blieb, hätte sie sich wie so viele andere in fruchtlosen Kämpfen gegen die Stalinisierung des Kommunismus aufgerieben. Auch sie hätte diese Entwicklung nicht aufzuhalten vermocht, denn wie sie schon 1904 voraussah, mußten die einmal entfesselten Kräfte ihr Werk unaufhaltsam vollenden.

So grauenhaft daher die Art ihres Sterbens war, so liegt in ihrem jähen Tod, den sie in einem Augenblick erlitt, da sie noch mit der Verwirklichung ihrer Erwartungen rechnete, etwas Versöhnliches.

Benedikt Kautsky.

---

1 »Briefe aus dem Gefängnis« (Berlin 1920).
2 Die herbe Schilderung des Charakters Klara Zetkins im Brief Nr. 2 an Hans Diefenbach beweist, daß Rosa Luxemburg sich der Schwächen ihrer Freundin wohl bewußt war.

Taschenbücher Syndikat / EVA
Philosophie

Band 28 Ernesto Grassi
Die Macht der Phantasie
Zur Geschichte abendländischen Denkens
288 Seiten, ISBN 3-434-46028-4

Band 36 Hans Ebeling
Der Tod in der Moderne
256 Seiten, ISBN 3-434-46036-5

Band 41 Max Horkheimer / Theodor W. Adorno
Sociologica
Reden und Vorträge
242 Seiten, ISBN 3-434-46041-1

Hans Peter Duerr (Hrsg.)
Der Wissenschaftler und das Irrationale

Band 56 Beiträge aus Ethnologie
und Anthropologie 1
192 Seiten, ISBN 3-434-46056-X

Band 57 Beiträge aus Ethnologie
und Anthropologie 2
212 Seiten, ISBN 3-434-46057-8

Band 58 Beiträge aus Philosophie
304 Seiten, ISBN 3-434-46058-6

Band 59 Beiträge aus Psychologie
268 Seiten, ISBN 3-434-46059-4

**Alle 4 Bände zusammen in einer Kassette,
ISBN 3-434-46060-8**

Band 64 Hans Ebeling / Ludger Lütkehaus (Hrsg.)
Schopenhauer und Marx
Philosophie des Elends — Elend der Philosophie?
232 Seiten, ISBN 3-434-46064-0